TOURISM PLANNING & DESIGN NO.23

旅游规划与设计 23

旅游规划 + 景观建筑 + 景区管理

北京大学旅游研究与规划中心 主编　中国建筑工业出版社 出版

景区容量与游客管理

Carrying Capacity and Visitor Management

图书在版编目（CIP）数据

旅游规划与设计——景区容量与游客管理/北京大学旅游研究与规划中心主编. — 北京:中国建筑工业出版社,2017.5
ISBN 978-7-112-20702-2

Ⅰ. ①旅… Ⅱ. ①北… Ⅲ. ①旅游规划 Ⅳ. ①F590.1

中国版本图书馆CIP数据核字（2017）第088199号

封面图片提供： 郭晓川
封面图片说明： 故宫
扉页图片提供： 蜗牛（北京）景区管理有限公司
扉页图片说明： 黄河口生态旅游区
封二底图提供： 林丽琴
封二底图说明： 意大利威尼斯狂欢节
封三底图提供： 徐露萍
封三底图说明： 泸沽湖沿湖风景

旅游规划与设计——景区容量与游客管理
北京大学旅游研究与规划中心 主编

*

中国建筑工业出版社 出版、发行（北京海淀三里河路9号）
各地新华书店、建筑书店经销
北京缤索印刷有限公司印刷

*

开本：880×1230毫米 1/16　印张：8　字数：340千字
2017年3月第一版　2017年3月第一次印刷
定价：48.00元

ISBN 978-7-112-20702-2
（30344）

卷首语

旅游的核心价值在于旅游者在旅游活动过程中获得的体验及其关于体验的满意度。游客体验的满意度与许多影响因子相关，其中旅游吸引物、旅游景区或旅游目的地的拥挤状况就是一个重要影响因子。但并非越不拥挤游客体验的质量越好：有些类型的景区人均占有面积越大体验的质量越高，而有一些类型的景区如果没有人头攒动的热闹景象，就达不到令人流连忘返的效果。这个情况说明了旅游景区容量在需求方面的复杂性。

旅游景区本身的类型也是丰富多样的，在中国语境中，有基于自然保护地形成的旅游景区，如风景名胜区、自然保护区、森林公园、地质公园、水利风景区、海洋保护区等类型；也有基于历史保护地形成的旅游吸引物，如范围广阔的大遗址、古建筑群构成的面状重点文物保护单位或单体建筑物、绵延数百公里乃至上千公里的线形的遗产线路、经考古挖掘后又回填的地下遗址等类型；还有一类依靠大量投资人工设计建设的商业性娱乐、游憩、运动设施，如主题公园、娱乐公园、野生动物园、旅游度假区、康体运动设施、各种形式的露营地等等。要针对如此名目众多、特征不一的景区提供放之四海而皆准的景区容量标准，不仅没有必要而且没有可能。这个情况说明了旅游景区容量在供给方面的复杂性。

尽管存在着需求和供给双方面的测定、管理困难，在旅游发展过程中，我们却面临着实际使用景区容量的定义、测定、调控、管理的必要，甚至在立法层面设定了某种程度上强制性的技术要求。2013年实施的《中华人民共和国旅游法》第四十五条规定："景区接待旅游者不得超过景区主管部门核定的最大承载量。景区应当公布景区主管部门核定的最大承载量，……对景区接待旅游者的数量进行控制"。为了执行《旅游法》关于景区游客承载量的法律规定，各主管部门都存在一个测定和控制景区游客数量的技术课题，尽管要解答这个问题到目前为止还都没有找到一个令人满意的途径和答案。

作为旅游规划与景区管理领域的专业读物，《旅游规划与设计》系列出版物肩负着义不容辞的学术使命和社会责任，来组织有关科学研究人员、景区管理机构、规划设计咨询公司共同探讨景区容量和游客管理问题。为此我们组织了多学科、多类型专业和实务人员的座谈会，约请有关专家撰稿，分别从容量测定技术、个体游客管理、整体游客流调控等不同角度进行了探讨。特别值得一提的是，中国的景区容量和游客管理除了全球普适的一般共性外，也存在社会文化和消费行为方面的特殊性，这一点从各个热点旅游景区的实际管理中也可观察得到，我们不妨称之为游客管理的中国范式。关于这一点，我们刚刚开了个头，还需要更加深入的探究。

本期主编：

北京大学教授、博士生导师
北京大学旅游研究与规划中心主任
国际旅游研究院院士
国际旅游学会秘书长
2017年3月3日

TOURISM PLANNING & DESIGN NO.23
旅游规划与设计 23
旅游规划 + 景观建筑 + 景区管理
北京大学旅游研究与规划中心 主编 中国建筑工业出版社 出版

目　录

北京大学旅游研究与规划中心 主编
中国建筑工业出版社 出版

景区容量与游客管理

TOURISM PLANNING & DESIGN NO.23
旅游规划与设计 23
旅游规划 + 景观建筑 + 景区管理
北京大学旅游研究与规划中心 主编 中国建筑工业出版社 出版

CONTENTS

Carrying Capacity and Visitor Management

北京大学旅游研究与规划中心 主编
中国建筑工业出版社 出版

故宫

景区容量圆桌会议

Roundtable: Carrying Capacity of Tourism Attractions

徐晓东/摄

景区容量与游客管理的中国范式：代“圆桌会议”欢迎词

Tourism Carrying Capacity and the Chinese Paradigm of Visitor Management: A Prelude to the Roundtable

文 / 吴必虎

吴必虎
北京大学城市与环境学院旅游研究与规划中心主任，《旅游规划与设计》主编

景区容量是和游客管理模式以及游客本身的行为特征有着密切关系的。这里，我想谈谈“景区容量管理和游客管理的中国范式”。根据研究，这一“范式”有它的前提。

首先，我们需要了解西方发达国家在景区容量和游客管理方面做过的探索，要了解别人做过什么，西方的很多概念比我们现有的模式、技术更好，比如说美国提出的VERP（Visitor Experience Resource Protection），把游憩的体验和资源的保护放在一起讲，变成一个名词就变成了VERP这个模式，还有LAC（Limits of Acceptable Changes）这种概念。也就是说，不管是风景名胜区、自然保护区，还是国家公园，首先要允许人类使用，但是人类任何形式的使用，都会带来一些变化。因为环境本身就是人作为一个主体和周边要素的关系，如果没有人就没有环境这个概念，如果只是大气和野生动物，就不存在环境。因此任何的使用都会有一些影响，并不是说要排斥这种使用，而是要把这种使用控制在环境可接受的范围内。虽然我们目前的文物保护，比过去的被动的保护观点要好得多、现实得多。但要讲中国管理的范式，首先要了解和学习西方的一些理论和概念。

第二，中国的景区的游客管理应该有中国研究范式的基础，并基于有逻辑的推理。景区容量跟景区本身类型有关。游线空间结构，如华山自古一条路，几十平方公里，在游客可进入的路径上面，在没有大规模的人工干涉之前，比如铺设更多的栈道，乘热气球从空中俯瞰，或者在悬崖的底部做一些仰视的观赏道路，从原有的自然结构、观赏路径来讲，它的容量和面积没有多少关系。再比如，有些景区是娱乐型、商贸型的，像我们到一个餐馆吃饭，看里面人少没排队，大家都不进去吃一样，并不是说有些景区游客越少，景区越好，而是和景区本身的性质有关。除此之外，谈到景区的容量和管理方法，实际上我要讲的重点是人。尽管是同样的景区，但人本身的差异会造成管理模式和组织方法的不同。

这个话题的第一个假设，是游客管理模式和人有关，第二个问题是，中国游客和西方游客有没有行为上的差别。对此，政治上、社会学上、伦理上有不同的尺度，中国游客和西方游客也是有差别的。长期以来，西方人喜欢一地停留式的“度假旅游”，而以中国人为典型代表的东方人则喜欢周游式“观光旅游”。总体上看，中国娱乐消遣旅游活动以观光旅游和近距离的休闲娱乐活动为主，一地停留式度假旅游比较欠缺，而西方国家则恰恰相反。

在旅游观念方面，对于中国及受中国文化影响的其他亚洲国家的人而言，“观光”“游山玩水”“名胜古迹”等是用来广泛表示旅游的词语。东方人认为的旅游是外出游览名胜古迹、山水风光，也就是观赏名胜。而“度假”“休闲”等则是西方人习惯于用来表示旅游的主要词语，意味着旅游就是要寻找一个美好的地方停留一段时间而获得休闲放松，并且参加一些令人愉快的活动，也就是我们所说的度假旅游。

造成旅游方式存在差异的因素有以下几个：在社会因素方面，包括政治制度、经济制度、休假制度、社会阶层。中国长期以来处于中央集权的君主专制制度下，社会奉行等级森严的礼教思想，这种禁忌一直到20世纪帝制被推翻之后才被打破。20世纪80年代以后，随着经济体制的变革，国民可支配收入的增加，以及国家在休假制度方面的若干次重大调整，中国才真正进入大众旅游时代。西方国家尽管有一段时间处于宗教专制时期，但早在古希腊、古罗马时期即产生了“民主与共和，人人平等”的思想。因此，温泉洗浴、海滨度假等贵族化旅游方式出现后，迅速传播到具有消费能力的大众中，工业革命时期开始出现的带薪休假制度，更为工薪阶层享受度假旅游生活提供了充分条件，由此形成了度假的生活传统。

所以，这两个前提下，一是景区容量的管理和游客本身的行为特征是有关系的，二是中国游客和西方游客是有差别的。可以推理出，景区管理中与游客管理相对应的景区容量方面的制度、技术规范、排队管理的做法，都有中国的范式。

最后一个问题——中国范式如何实现？

我们进行第三步研究，既然理论上存在中国的管理范式，在这个范式下面对应的研究方法、技术手段，相应的监测、预报、现场管理等，可能也有认真研究的必要，所以在今后的研究当中，景区管理者应予以重视。

在社会制度方面，从假日的供给制度来讲，中国的劳动保护也好，社会结构也好，人们对假期的安排与西方会有很大的不同。我们现在的假期，大多数是根据传统的农业文化形成的传统假期，春节大家要回家，以家庭团圆为主，国庆黄金周以外出旅游为主；再如，清明节、元宵节、端午节都基于农业文明，农业文明都是向内的，而现代社会是工业文化，并转入工业化、全球化、城市化，加上中国的经济由短缺经济转向过剩经济，所以我们面对的一系列关于假期的制度、游客的组织方式，与一些过去形成的观念、法律、管理制度，都不太匹配，这个是值得研究的。从这一点来说，中国的游客管理在宏观层面，在国家制度层面，即如何给大家放假，放假以后是一半回家一半去景区，还是都回家，或者在路上团圆，这些模式都有变化，都是今后需要研究的课题。

那么，顶层设计的立法，各个部门的行政法规制度，以及相应企业的产品供给、服务方法，与现场的门禁、热点人群集中的控制，都很需要进行更深入的研究。例如九寨沟旺季的游客拥堵，华山的游客不能及时疏散，上海的游客踩踏，这都和游客的行为模式、政府和相关景区对游客的管理存在理论和工作上的不足是紧密相关的。以上是我对景区游客管理是否有中国范式的一些思考。

圆桌会议：旅游景区游客容量与游客满意度优化的研讨

Roundtable: Tourism Carrying Capacity and Visitor Satisfaction

【主持人】

吴必虎 北京大学城市与环境学院旅游研究与规划中心主任，《旅游规划与设计》主编

【会议嘉宾】

钟林生 中国科学院地理科学与资源研究所研究员、中国生态学学会旅游生态专业委员会秘书长

高艳军 首都博物馆开放管理部副主任

徐婉玲 故宫博物院故宫学研究所副研究馆员

周子牛 颐和园副园长

谢 雯 北京博雅方略旅游景观规划设计院技术总监、《景区最大承载量核定导则》起草人之一

宋海霞 八达岭特区办事处综治办主任

张玉钧 北京林业大学生态旅游发展研究中心主任，北京林业大学园林学院旅游系教授、博士生导师

刘德谦 中国社会科学院旅游研究中心学术顾问、全国旅游标准化技术委员会委员、《旅游规划与设计》名誉主编

杨 锐 清华大学建筑学院景观系主任（会后补访）

【编者按】

旅游景区的承载量一直是旅游者与旅游景区十分关注的问题，由于它是旅游者满意度和安全度的有力支撑，因此也得到了旅游主管部门的高度重视。自2015年1月国家旅游局发布旅游行业标准《景区最大承载量核定导则》LBT 034-2014以来，全国有关景区游客容量的研究与管理得到了长足进步，不仅旅游者的满意度得到了提高，同时安全事故的发生率也大大降低。基于目前出游高峰期游客人满为患的现象时有发生，2016年12月2日，本编辑部在北京组织召开了一次小型的圆桌会议，对“旅游景区游客容量与游客满意度优化”进行了再一次研讨。我们非常荣幸地邀请到景区管理部门负责人和相关研究专家一起就此进行研讨。嘉宾们在研讨会上积极发言（或递交了书面发言稿），就有关理论和实践经验进行了充分的交流探讨，这对进一步总结现有工作的成绩，研究游客满意度优化措施都有着十分积极的意义和参考价值。为此，本编辑部特根据会议速记将其整理成文（并送交发言专家过目订正），与未能与会专家书面发言及会后追访汇为此篇，以供本刊读者分享。

《旅游规划与设计》编辑部

图1 旅游景区游客容量与游客满意度优化研讨会现场

主持人：吴必虎

吴必虎

北京大学城市与环境学院旅游研究与规划中心主任
《旅游规划与设计》主编

随着全国旅游的快速发展，根据《旅游法》的要求，每一个景区都应该有一定的容量设定，以便在旺季的时候对容量进行相应的管理措施响应，在座的有很多不同领域的专家，有从事研究的，有从事景区管理的。自《旅游法》实施以来，如何确定一个景区合理容量的现实问题更加迫切，倒逼着法律和景区管理必须不断地适应新形势，要求我们研究界和景区管理部门提出一个办法来。因为景区类型丰富多样，像故宫、颐和园是院落加人工景观的景区，长城是线性的，九寨沟、黄山和华山是山岳型，华山只有一条路上下，所以，景区的情境千差万别，需要具体问题具体分析。因此，《旅游规划与设计》杂志希望通过理论研究、实践经验，加上一定的基础分析，为规划景区的容量和游客管理提供一些理论支持，或者是帮助景区总结出解决问题的方法。

景区容量目前受到广泛关注，但是科技尚不能很好地解决这个问题。第二个关键词是“游客管理”，这在西方国家已经是一个相对清晰的研究领域，但是在国内学术界还没有形成一个体系。我们想通过景区的容量研究，同时对游客管理的问题展开讨论。游客管理也涉及很多方面，比如说游客的排队管理、游客的行为管理、游客的消费管理、游客与环境保护的关系，等等。所以我们不光是研究在景区内游玩的游客的行为，还要与拥挤管理、容量管理、满意度管理结合起来，围绕景区容量和游客管理两个方面开展研究。今天我们非常高兴邀请了理论和实践界的几位“大咖”，你们都来自全国知名的一些单位。徐婉玲是故宫博物院故宫学研究所副研究馆员；高艳军是首都博物馆开放管理部主任；宋海霞是八达岭特区办事处综合办主任；周子牛是颐和园副园长；刘德谦教授是中国社科院旅游研究中心学术顾问，是这次《景区最大承载量核定导则》的审查组长，也是我们《旅游规划与设计》的名誉主编；钟林生是中科院地理所研究员，也是中国科学院大学的博导；张玉钧是北京林业大学生态旅游发展研究中心主任，也是我们《旅游规划与设计》“生态旅游”专辑的特邀主编；谢雯是北京博雅方略的技术总监，是旅游《景区最大承载量核定导则》的起草人之一；还有林丽琴，是我们编辑部的主任，周宁馨是我的助理。

就像刚才刘老师说的，有很多同志都很关注我们的这次研讨会，如北京旅游协会徐薇秘书长、北京旅游协会景区分会靳德秀秘书长，他们都对这个会议很关心，所以几位世界知名景区的管理者今天能到场也是有幸得到他们的帮忙协调；当然还有汪黎明，中国旅游协会景区分会的前秘书长，也是《景区最大承载量核定导则》编制时国家旅游局旅游标准化处的处长。他们几位都想来，但是时间冲突了，包括清华大学杨锐教授都很想参加这个会，但有事来不了，所以我们采取书面访谈；还有巅峰智业的刘锋博士也是在上海讲学来不了。

我们《旅游规划与设计》编辑部对这次研讨会十分重视，计划中，本次研讨会的成果会将在《旅游规划与设计》的“景区容量与游客管理”专辑中形成一个专版与读者分享。下面就请大家自由发言，或者大家在发言之前就讨论的目标、话题有什么疑问，也可以在这里沟通一下。

旅游环境容量应用时须注意的几个问题

Key Issues of the Application of the Concept of Tourism Physical Carrying Capacity

钟林生

中国科学院地理科学与资源研究所研究员
中国生态学学会旅游生态专业委员会秘书长

随着旅游业迅速发展，旅游经济活动所引起的环境问题受到广泛的关注。开发不合理、超负荷接待等将使旅游资源与生态环境遭到过量的冲击，引起旅游环境污染（水体污染、土壤污染、噪声污染、垃圾污染）、景观受损、生物多样性降低等一系列环境问题。这些旅游环境问题的产生实质是旅游资源开发利用超过了旅游环境容量的结果，例如旅游环境污染是旅游活动向环境排放的废弃物超过了自然环境纳污力所致。因此，旅游环境容量的概念在20世纪60年代提出后就逐渐受到相关学者和业者的重视，其测算方法也一直是旅游理论研究与实践的热点问题。我国的《旅游法》及《景区最大承载量核定导则》出台后，一些旅游景区已经根据相关要求进行容量的测算，对缓解景区环境压力起到了一定的作用。

尽管世界旅游组织1999年界定了旅游环境容量，指的是一个旅游区在提供使旅游者满意的接待并对资源产生很小影响的前提下，所能进行旅游活动的规模，一般用容纳的游客数量来表示，其结果的科学性影响到旅游产业是否能健康、协调、持续地发展。但由于其涉及的因素较多，在理解和应用时有以下问题需要加以注意。

第一，是旅游环境容量的测算对象问题。目前，容量以游客数量作为衡量依据，比如说故宫大概日流量多少、年流量多少。但数值会因为景区类型不同而变化，相应的测算依据也会有所不同。对自然型景区而言，生态与资源承载力是主要测算依据，例如草原型、森林型或湿地型景区，在单位面积、单位时间里承载数量太大可能会导致生态系统的损坏，需要找到不可逆转损坏的阈值。而对于人文类景区，像八达岭、故宫，游客走的都是石板路，旅游环境容量更多指心理容量，太拥挤了会影响游客的体验，甚至安全。另外，需要通过一系列大量技术研究给出一些经验值，便于各个旅游景区具体应用，这种经验值需要考虑南北方差异、景区类型等因素。

第二，是旅游环境容量的动态变化。旅游环境容量对于特定旅游区在某一时段相对稳定，表现为一个伸展不宽的值域，但随着时间的变化，由于旅游环境要素或者旅游活动形式发生了变化，旅游环境容量随即改变，如水质发生了污染、森林遭受病虫害或火灾，则其容量会减少，因此，旅游环境容量具有相对稳定、动态变化的特点。以往研究偏重于一个相对稳定的固定值，对动态变化由于缺乏数据支持关注较少，但在大数据背景下的今天，对动态变化的研究成为可能，因为通过大数据与互联网，能比较好地掌握客流的信息，在空间调控上采取措施也能及时，能带来管理手段和技术的革新。

第三，是旅游环境容量的超载与疏载问题。旅游景区承受的游客人数或活动量超过极限容量就叫作超载，游客数量或活动强度远小于生态旅游环境容量的适宜值或极限值就叫疏载。超载大家关注较多，比如通过大众传播媒介，向潜在游客发出警示使其改变决策；采取浮动价格，在旺季提高门票、食宿、交通等费用；在淡季进行修养生息和环境补给；替代性开辟新的旅游地等。而疏载容易被忽略，疏载虽然不会导致生态旅游环境系统的失调和破坏，但会影响生态旅游资源价值的实现，会影响其旅游经济效益，从谋求经济、资源、环境协调发展的旅游可持续发展观出发，也可以说是一种环境问题，因为它从经济上否定了环境的价值，因而有必要重视疏载的旅游环境容量的调控。要以市场为导向，以资源为基础，以产品为细胞，以项目为支撑，以突出特色为目标，完善旅游功能，依托基础设施，注重特色的挖掘、保护，充分实现旅游资源和环境的价值，开发多种多样的旅游产品，增加对不同层次的旅游者的吸引力。

第四，是旅游环境容量规划管理技术问题。旅游环境容量往往给人一种错觉，即每一地域都有其固定容量，管理者应按此限额控制和管理旅游者。实际上，如果通过科学的规划和管理，生态旅游环境容量就会有所改观。例如加拿大怀伊沼泽地野生动物避难处把旅游者活动中心和停车场建在对野生生物没有任何影响、进出高速公路非常方便的地带。旅游者可以通过各种展览、视听材料、旅游指南对沼泽地和野生生物全貌有所了解，同时允许少数自助旅游者或团队在保护区边缘地带参观。这样就有效地把旅游者拒于生态脆弱带之外，而不会超过旅游环境的极限容量。又如甘肃省莫高窟数字展示中心借助当代先进的数字技术和多媒体展示手段，向观众呈现敦煌莫高窟绚丽多彩的石窟艺术经典与气势恢宏的历史文化背景，使观众在进入洞窟之前就能与敦煌莫高窟进行全方位、近距离的“亲密接触”，进而适量减少现有开放洞窟的数量，缩短游客在洞窟内的滞留时间，减轻参观活动对石窟遗址造成的压力，缓解敦煌莫高窟旅游开放与文物保护之间的矛盾，实现世界文化遗产敦煌莫高窟“永久保存、永续利用”的目标。

我国将旅游作为一项战略性支柱产业来培育，由于生活水平提高很快，人们的出游意愿日益增强，而相应的旅游基础设施薄弱，供给与需求矛盾较大，旅游地经常超负荷运行，导致生态环境受损，部分旅游设施损坏，服务质量下降，旅游环境问题比其他很多国家突出。因此，解决旅游环境容量问题在我国就显得更加迫切，目前乃至未来较长一段时期都需要加以重视。

博物馆景区观众承载量的困与解

Visitor Management and the Carrying Capacity Issues in Museums

高艳军

首都博物馆开放管理部副主任

各位专家、老师，上午好！我是首都博物馆开放管理部高艳军。今天受邀来参加这个研讨会非常非常高兴，我是抱着学习的态度而来的。对首都博物馆的景区游客管理，特别是承载量这方面的工作，是从去年四月份北京市旅游委召开的动员会后开始研究的。我们首都博物馆的瞬间承载量和最大承载量，其实一年多以来我们都没有完全确定下来，为什么没有最终确定下来呢？这里面是有一些困惑和问题的，今天正好有这么一个机会跟各位专家、老师提出来，也请大家给我们一些建议。

首都博物馆作为旅游景区有这么几个方面的特点：

第一，首博是国家第一批免费开放的博物馆，从2008年3月28号就开始对公众免费开放，我们除了馆内的商店是收费的，其他所有都是对公众免费的，观众的进出相对于其他景区比较自由。

第二，首博的地理位置处在长安街的西延长线上，周边分布着许多国家机关、国家部委，这一地区对社会秩序要求相对是比较高的。

第三，首博建筑的周边环境，也就是我们自己的建筑红线范围是比较小的，不利于观众的引导，只要控制进馆的人数，很快大量的观众就会聚集在长安街边上排队。

以上三个特点，就是导致我们景区观众承载量不容易确定的几个重要的外在因素。比如说我们刚开始设定的是1万人，后来我们觉得这1万也不太合适，某一些时间段1万人是很容易突破的，2016年春节假期平均每天都能超过1万人，最高峰时一天能达到1.4万人，这一数据已经接近当初博物馆可研报告中建议观众量的2.5倍。最后，通过大家的努力工作，没有出现踩踏、拥挤等这些问题，但是我们的心一直是悬着的，确实心理压力比较大。虽然我们有最大承载量的数值，这样的观众量也显然超过了最大承载量，但我们也没有办法去限流，假如观众来到了博物馆外，你告诉他因为馆内观众量已经达到最大承载量，不能让他进，那问题就出来了。不让进势必就要在门口排队，这时上面提到的第三个特点就会出现，那么城市管理的相关部门就会前来了解情况，并会要求我们尽快疏散人群，博物馆只能迅速让排队的观众进馆，这时我们所测定的最大承载量是没有任何意义可言的。

还有两个方面也是导致我们此类型景区不容易设定最大和瞬时承载量的内在原因。

一个是博物馆的内在特点。博物馆很重要的一项业务工作就是做展览，我们平时有固定陈列展览，也有临时展览，固定陈列不怎么变化，形式也是基本固定的。但是临时展厅我们有7个，这7个临时展厅占了接近1万m^2，这1万m^2假如都对外开放是可以承载更多的人。然而这7个临时展厅，没有展览、不对外开放时，承载量立马就下来了。同样一个临时展，它的展陈设计假如是中间没有东西，只是沿着外围一圈有展品，是一种承载量；假如它的设计既有四周的展柜，也有中间的展柜，这又会是一种承载量。所以博物馆的观众承载量是随着展览的设计处在动态变化之中的。

另一个是人员的统计比较困难。因为我们是免费的博物馆，所以观众的进出是相对比较自由的，但是每天进到博物馆的观众量是多少人，我们只能在下午4点钟停止进馆以后才能统计出来。平时我们只能通过发出的票或者是安检门的数据来了解进馆的观众量，但是出馆分好几个口出，无法确定出去了多少观众，这也是瞬时的观众量不好确定的一个很重要的原因，这都是我们的一些现状，其实挺困难的。

首都博物馆搬到长安街边上到今年正好是10年的时间，从2008年免费开放以后我们的观众量，是一个逐年缓慢递增的趋势，没有出现一个突然爆发的态势，像故宫那样每天8万、12万的量还达不到。2016年很特殊，大家都知道的“海昏侯”和“妇好墓”两个展览，是我们非常热的春季特展，“海昏侯”展3月2号开展，一直到6月底结束，这一个展览就接待了40多万人，这个展览我们没有在馆外围采取措施，只在展厅采取措施，我们通过提前预约的方式，每天限量是5000人。在大楼内观众是排队了，排队最多的时候是300多米的双人队伍，绕着我们的楼里转圈排，秩序还是比较好的，从馆外来看没有太多人排队，我们很好地避免了博物馆大门外人员聚集问题的发生。

对于展厅内的瞬时观众量，今年“海昏侯”特展期间，我们采用了与科技公司合作的方式，用一些科技的手段去检测瞬时的参观量，就是通过观众手机的MAC地址测定展厅区域内的人数，但是目前这一类的技术还都不是很成熟，使用设备来检测瞬时观众量的准确度不是特别高，所以还是导致展厅里面太拥挤，观众满意度不是特别高。

所有这些问题都是我们在景区运行和管理过程当中现实存在的。结合首博的特点，我想下一步要做好景区观众的管控，特别是观众达到最大承载量和瞬时最大承载量时的管控，还要从以下几个方面来综合提高。

首先，景区的管理是一个综合问题，不能单由景区自身来进行。景区管理牵扯的问题是分别由不同的职能部门所管辖的，不可能只由景区自己来处理，相关的城市管理部门都应当参与进来，形成联动机制。比如首博门外排队这种情况就需要综合考虑。当然我们自己内部也需要去综合考虑，因为在博物馆的运营过程当中，特别是开放运营的过程当中牵扯的部门还是比较多的，不光是一个开放管理部，还会有负责安全的部门，还会有管设备保障的部门，还会有引导观众参观的部门，这些部门也都应该综合起来去管控观众的流量和博物馆的承载量。

其次，下一步还要大力借助于科技手段。现在是一个技术革新的时代，各种各样的新技术、新科技都在不断地更新和完善。我觉得新技术的发展，将来在景区的管理方面，特别是承载量确定、分析和管理，肯定是要重点去考虑的。比如说大数据运用、人脸识别、热成像等这些，假如说我们的景区里头已经达到了饱和，我们需要赶紧通过一些方式把我们的消息，迅速传达到要来参观的观众那儿，他可以选择其他的时间再来，避免到了最后也不能进馆，还需要长时间排队。

最后，需要加大对旅游团队的管理。在旅游团队的管理上，我们可以做一些文章。比如说散客，我们不可以控制他到博物馆来的频次，但是旅游团队、团体是有组织的，并且导游是受旅游委管理的。因为每个团队人数相对较多，进到博物馆和离开博物馆都是比较集中的，他们对瞬时承载量的影响会比较大，可以从团队管理的角度去研究并做一些改变。

如果我们通过努力能够将景区的最大承载量和瞬时承载量比较科学地确定下来，并且能够较好地执行综合的管控方案，那么观众和游客满意度的提升就必然会有一个非常好的基础，参观者的满意度如果是建立在这样一个基础之上，我想那时的满意才是真正的满意。

以上是我一些粗浅的想法，不当之处还请各位专家、老师批评指正。

故宫博物院：观众管理的三大挑战及其对策

Visitor Management in the Palace Museum: Challenges and Practices

徐婉玲

故宫博物院故宫学研究所副研究馆员

1 如何应对持续增长的观众流量

就我的观察体会，故宫博物院的组织机构十分庞杂，任何措施的推行都是不容易的。仅就观众管理而言，目前故宫博物院没有独立的部门或机构来负责。观众参观区域则主要由开放处负责管理，博物馆解说教育服务由宣传教育部提供，观众投诉处理则由院办公室承担。此外，全年及单日观众流量数据由保卫处的票务管理中心负责收集与整理，观众瞬时流量数据则由古建部世界文化遗产监测中心负责监测与分析。要推动如此庞大的管理机器来施行一项政策或措施，其过程的艰辛和不易是不言而喻的。尽管如此，故宫博物院这五年来的改变却是有目共睹的。

众所周知，对故宫博物院而言，故宫古建筑群及其文物藏品的安全是头等大事。然而，最近十年来持续增长的观众流量对此造成了巨大的挑战。针对这一问题，故宫博物院曾多次实行限流政策。2008年“十一”期间曾推行限流政策，但没有成功。经过多次尝试和磨合，故宫博物院从中得出一个重要经验，那就是，宣传解说一定要到位，措施方法要得当。最近几年，故宫博物院一方面通过电视、报纸等各种媒体，从文物保护的立场、博物馆管理的视角和观众人身安全的角度大力宣传实施限流的必要性和重要性，另一方面利用新媒体技术多渠道培育观众预约参观的习惯。

截至目前，故宫博物院每日限流8万人次和门票预约政策的实施是非常成功的。据票务管理中心的同事介绍，每日网络预约和窗口销售的门票分别是6万张和2万张（每日限流门票总数为8万张）。2016年整年平均下来的话，网络预约和窗口销售的门票量持平，即平均每日有4万观众是通过网络预约门票进入故宫参观的。在暑假参观高峰时期，每日的网络预约门票达5万张，占网络预约门票总数的83.3%，占总数的62.5%；国庆期间，每日网络预约门票6万张全部售罄。

针对藏品和观众安全问题，故宫博物院采取的第二项主要措施就是扩大开放面积。2016年10月，故宫西部武英殿、慈宁宫一线全部开放，实现开放面积76%的目标。年底前，“故宫文物医院”即将落成，文保科技部的百余名员工从西三所全部搬出，红墙以内的其他部门也将陆续搬出。可以说，五年来，故宫博物院在扩大开放面积方面是不遗余力的。还需提及的是，故宫博物院北院区建设已经开始。按照单霁翔院长的设想，北院区预计每年可接待300万观众，它不仅可以分流故宫本院的观众流量，更为重要的是，它将是故宫文物展厅的延展，成为新的故宫文化传播中心。此外，为了更好地监测分析瞬时观众流量与古建及文物保护的关系，故宫博物院成立了世界文化遗产监测中心。

从管理的角度来说，博物馆观众承载量与其管理水平、开放空间面积、服务设施设备、环境氛围等多种因素相关，限流和增容是应对当下故宫博物院参观流量的最直接有效的措施。而就未来而言，精细化的观众管理、人性化的服务设施、差异化的产品设计、体验化的氛围营造都是博物馆管理的重要课题。

2 如何满足层次多样的文化需求

作为国家一级博物馆，故宫博物院的重要使命是发挥博物馆的功能，以满足观众多样性的文化需求。对于博物馆而言，展览是博物馆提供给观众最为核心的产品。一场展览以何种形式呈现，用什么载体表达，这是博物馆观众管理专业化的内容。而一场展览如何影响观众的态度、观感和评判，这是博物馆观众管理人性化的表现。在2008年实施博物馆免费参观以前，大多数博物馆给人们的印象是刻板的、高冷的、有距离的，故宫博物院也不例外。然而一场展览彻底改变了故宫博物院的形象，2015年的“石渠宝笈展”是博物馆领域具有里程碑意义的大事件。

坦率地讲，石渠宝笈展在观众管理方面的预期是不足的，展厅的容量和观众的需求之间的巨大差距没有被充分预计到。但可以自豪地说，故宫博物院在石渠宝笈展的临场反应和管理表现方面是十分出色的，是堪称经典的博物馆观众管理案例。第一，从管理角度而言，石渠宝笈展的火爆带给故宫博物院的是一场危机管理。如何在保证藏品安全的前提下满足观众的需求，这十分考验管理者的水平。院长亲临一线掌握观众需求、网络媒体随时发布应对措施，为满足观众要求一再变更开放时间，这将一场管理危机转化为沟通契机，切实拉近了博物馆与观众的距离。第二，从展览角度来看，石渠宝笈展是按照常规特展的模式来进行展品甄选、展览设计和解说规划的。由于参观人数的增加和排队时间的延长，最初配备的展览解说系统不能满足服务观众的需求。因此，“二维码语音导览”和“全景式在线展览”等信息技术得到应用，不断丰富和提升观众的参观体验。

石渠宝笈展览后，故宫博物院在这方面做了更多的调整和尝试。比如说，今年刚刚结束的“菊香晚艳——开封菊花与故宫博物院藏菊花题材文物联展”，将各种名贵菊花搬进紫禁城的宫殿和花园，再配上以菊花为主题的宫廷藏品展，既增加了普通民众喜闻乐见的展览主题，又保持了博物馆展览的学术性和专业性。据说，2017年故宫博物院将以院藏明清两朝皇帝使用过的儿童玩具为展品，策划设计一场别具一格的儿童玩具展，相信会吸引不同层次和不同需求的观众。

3 如何营造舒适优雅的环境氛围

故宫建筑及其藏品的共同特点是珍贵、稀有和脆弱，因此它们与观众之间的距离是始终存在的。如何利用创新技术和设计理念营造博物馆的人文环境，使之成为具有公共性的文化艺术空间，这不仅关系到博物馆教育功能的延伸，也体现了博物馆服务质量的提升。在这一方面，故宫博物院也是用功极深的。

目前，故宫博物院已形成了文化创意馆、儿童体验馆及冰窖餐厅等具有代表性的体验区。神武门东长廊的文创馆群汇集了陶瓷、书画、铜器、丝绸等高端文创产品，以宣传展示为主，被定位为博物馆的“最后展厅”。儿童体验店则是集教育、休憩、购物功能为一体的综合文创专营店，包括专为儿童设计的“上书房”DIY空间、为家长提供的饮茶休憩空间以及产品销售区域。冰窖餐厅以清代皇家冰窖建筑为基础，应用完全可逆的建筑设计，将其改造为包括书店、咖啡店和中餐厅的综合餐饮区。冰窖餐厅南边与武英殿绘画馆相接，西边背靠慈宁宫花园，前面正对三大殿外围的红墙彩绘，红墙之下还可观赏十八槐、银杏、翠柏等景观。个人认为，美学生活方式和日常亲子体验搬进博物馆已然是一种潮流。

总而言之，故宫博物院这五年来的发展，有很多经验和做法值得去梳理分析。但也必须指出的是，当前中国博物馆的理论与实践仍然还是“两张皮”。所以，今天研讨会的最大意义在于，将擅长理论分析的大学教授与熟悉博物馆案例的专业人员汇聚在一起，共同探讨博物馆观众管理的诸方面问题。如果能够对这些案例予以分析比较，得到理论的提升，我觉得这对未来博物馆管理可能会产生一些积极的影响，提供可以借鉴的经验和方法。

浅谈旅游景区游客容量与游客满意度优化

Tourism Carrying Capacity and Tourist Satisfaction

周子牛

颐和园副园长

国家旅游局于2015年公布全国5A级旅游景区最大承载量，并以此加强景区游客流量监管，避免景区因游客流量超载带来旅游安全隐患。这个标准的制定，对景区管理有着积极的意义和推动作用。

1 完善景区游客容量评估方法

景区管理，特别是对游客的管

理，是一个非常复杂的问题。景区最大承载量和瞬时最大承载量等指标的核定，虽然在实际工作中存在一些不足，但是解决了无考核标准的问题，终于可以用数值去衡量，而不再凭经验估算了。而这个数值可以认为是一个中值，围绕它产生的偏差及数值的上下波动也属于正常。关键是波动的范围如何考量还需要进一步深入研究。

第一，宏观与微观相结合。旅游景区游客容量更多考虑的是宏观数据，景区整体是不是舒适，是不是拥挤。而园内个别景点、狭窄道路是否也是这个状态，则没有统计。这方面的研究还是应该继续深入，继续深化标准。

第二，平面与立体相结合。景区的限制因素非常复杂，林木、道路、设施，亭、台、楼、阁以及山形水系，都对承载量构成影响。颐和园内的部分古建院落与南方的私家园林相似，空间狭小、道路曲折，还有万寿山上、下山的道路，都会对游客产生影响，应该建立相应的阈值予以合理统计。

第三，整体与局部相结合。既要关注景点的客流变化，更要关注全市层面的大客流引导，要把景点放到北京市的大系统中来，建立从大到小的分级客流管理思想。旅游主管部门要调控市场客流缓解热门景点压力，景点要疏导客流避免冷热不均。全域旅游的思想也要体现在客流调控方面。

2 提高惠及游客的思想认识

北京在“十二五”期间，由国家旅游局、市人民政府、市旅游委制定了《中国旅游业“十二五”规划》《智慧北京行动纲要》《北京智慧景区建设规范》等具有时代特点的文件，起到了推动旅游行业发展的积极作用。随着各种信息化技术的普及，原来看似高大上的“智慧”技术现在已得到普及。如何进一步提高游客的满意度，应在提高游客体验感上下功夫，让实实在在的服务惠及游客，让游客得到充分的享用，并以此作为服务工作的出发点和落脚点。同时还要在传统服务的基础上，最大程度地采取新技术，让智慧的技术惠及游客。“智·惠”与智慧的相同点是智能化、信息化控制；不同点是前者更加关注游客的主体地位。“智·惠”服务应该是公园管理者的一种态度，以智能化和信息化手段实现惠及社会、惠及政务、惠及游客、惠及管理的服务。技术内涵是以技术和理念实现无时无刻的沟通、无处不在的“4A”（Anyone，Anytime，Anywhere，Anydevice）泛在服务。“智·惠”服务应该是首都公园在服务首都建设背景下的高层次服务发展阶段。

第一，让游客能够体验到智能化技术带来的实惠。但现有信息平台、游客服务等设施和设备还比较落后，尤其是服务观念和思想落后，与国际高端的服务意识形态和管理方式方法形式存在差距。要把服务游客放在第一位，管理游客放在第二位。传统信息化建设的初衷是加强管理，很少顾及游客的行为习惯、行为方式和体验，加之城市系统日益复杂，游客需求日趋多元化，也迫使公园必须全面创新服务模式、管理模式等。要更加注重观念创新、理念创新、方法创新，倡导低成本平衡发展。当前，景区管理成本快速上升，动辄几百万或上千万的信息化项目对公园发展建设的压力愈发明显，探索低成本投入、改造已有系统、逐步提升性能的有效做法，符合“增收节支”“过紧日子”的工作思想，有着现实意义。要助力首都公共服务事业。通过整合，充分发挥基础平台作用，助力北京市信息化进程，全面提升城市运行管理效率、经济发展质量和市民生活水平，这是公园融入首都发展建设和区域经济的重要内容。

第二，把智能化管理融入惠及游客的服务之中。它建立在网络和计算机技术基础上，借鉴已有数字化景区建设的成功经验，通过借助先进的传感技术、地理信息系统、导航定位等高新技术，以地理空间信息应用、先进的管理控制方法和决策支持体系技术为核心，有效改善公园服务管理体系，实现对世界遗产资源的有效保护和优化利用，历史文化的深度开发和立体展示，生态环境的有效控制和动态监测，游客多元需求的满足和满意度提升，着力构建国际先进、国内领先的数字化、智能化、决策科学化的景区管理体系。

第三，用国际化的眼光重新审视服务管理体系。要完善基础服务配套设施，提升和带动旅游业发展整体素质，增强用户旅游体验感，打造一整套基于全球化背景、国际化要求、适应时代发展和人民需要、符合中国国情及首都旅游业态现状，与城市发展规模和速度及公用设施状况相配套，满足的现代公园科学管理、高端服务需求的综合性平台，实现行业整体提升的高端发展模式。

3 丰富提升游客满意度的手段

自从IBM公司提出智慧地球的概念后，智慧城市、智慧旅游等思想层出不穷。国家层面上提出过物联网，现在是“互联网+”，这些概念如何接旅游的地气儿，要处理好线上公司、政府机关和线下景区之间的关系。例如，以携程为代表的旅游互联网公司及其分销平台，北京市旅游委为代表的旅游门户平台和北京市公园管理中心为代表的公园票务平台，逐渐勾勒出北京公园行业的线上票务分销模式。三者之间的提升游客满意度的关键节点是什么?

当全社会都关注于线上技术和分销模式的时候，恰恰忽略了最为重要的环节——景区信息化支撑能力。当互联网公司标榜营业额的时候，作为历史文化载体的景区反而被弱化。2016年“十一黄金周”，旅游部门将网上门票转给7个平台分销，而某著名景点根本没有与之相配套的验票和通行机制，导致大量游客持手机到窗口换票，比正常游客购票入园还要慢得多，导致怨声载道。由此可以看出缺乏根基的线上服务不会提升游客满意度。

第一，要构建票务支撑体系。景区要以互联网思维构建票务系统，主动实现与各类线上企业和政府的对接，要敢于打破线上企业壁垒。无论游客从何种渠道购买门票，都可以实现以手机二维码、身份证等电子凭证实现自助入园游览。景区要主动承担电子凭证规则制定者角色，这样不仅可以避免线上企业各自为政导致信息无法整合等问题，也有利于保护景区的主营业务收入及核心利益。

第二，要构建服务支撑体系。在传统服务项目的基础上要适应游客新需求，增加以手机服务为特色的增值服务。无论是通过景区的服务公众号、手机APP，还是门户网站，要清楚地知道游客需要什么样的服务，并有针对性地加大服务供给。颐和园一年前已全部取消桶面，升级为自发热快餐。虽然价格比方便面要贵一点，但游客已不太计较价格，更乐于体验环保餐饮，到处泼洒泡面水的情况已经成为历史。与此类似，基于手机应用的信息化服务现在还很欠缺，还只停留在导游讲解的层面，AV、VR等新技术、高端定制化服务、特色旅游纪念品购买等还待应用。游览的目的是享受乐趣，提高游客线下游览过程中的线上体验感和满足感，可极大提高游客满意度。

第三，要构建动态感知体系。客流管控的关键是数据的获取和有效的控制。可借鉴的经典的案例就是北京的交通管理。通过百度地图可对路网状况一目了然，驾驶员会主动规划路线躲避拥堵。颐和园年接待游客量都在1600万人以上，如何确保大客流条件下的景区安全已成为严肃的课题。简单的多语种提示、呆板的指路牌示，已经无法应对瞬息万变的客流管控。景区现在已发展到一个高级阶段，需要实现手机规划无拥挤游览路线、景点牌示视客流变化动态引导游客流向、园方依托综合指挥管理系统实现预判，提高快速反应和管控能力。

第四，要构建统一的管理体系。大客流管控不是一个简单的疏导过程，需要行之有效的管理配套措施。著名景点现在都实施着各自为政的管理，凭的是经验，缺乏更高层次的宏观调控机制和更加深入的理论支撑。应该建立城市级别的旅游公告体系，以此为框架，各景区实施局部的公告引导。要推广网约票，通过互联网络缓解线下客流疏解压力。例如，规定旅行团队必须通过预约参观，以此平衡景区承载量，提高舒适度。

“撸起袖子加油干”将成为2017年的热词，也是动员令。相信旅游景区游客容量与游客满意度优化工作，借助首都的科技优势，可以更好地满足游客不同层次的需求，为政府提供辅助决策支持，实现自我进化和自我完善。

景区最大承载量是旅游容量安全管控的信号灯

The Maximum Carrying Capacity and Tourism Safety Control

谢雯

北京博雅方略旅游景观规划设计院技术总监
《景区最大承载量核定导则》主要起草人之一

为深入贯彻落实《旅游法》，国家旅游局组织成立了《景区最大承载量核定工作导则》国家级课题，我有幸在刘锋博士带领下以课题核心研究人员的身份参与了该标准的编制。景区承载问题不仅是业界关注的重点和难点，也是公众最为关心的社会问题，经过近两年的无数次调研和多轮研讨过程，我对景区最大承载量核定工作有以下几点认识。

1 景区最大承载量的核定先要理清几个定义

景区最大承载量是景区游客流量过程管理指标，是安全和管理的最低标准。而最佳承载量是个经营管理概念，是属于市场的行为，与游客舒适度和满意度建设有关。

（1）即时最大容量。主要考虑的因素是安全和舒适度，即时最大容量是景区高峰客流预警、引导、分流最直接的指示灯，是景区游客流量过程管理指标，因此从安全和管理的角度来说，最大承载量的公示，应该是即时最大容量。

（2）日最大容量。属于研究的范畴，是一个累计的数据，是对整个景区大系统整合度的研究，有利于周转率的确定，与景区游客流量管理和疏导的关系不大。

（3）最优容量。是个经营概念，是属于市场的行为，与游客舒适度和满意度建设有关，舒适度和满意度随着客流的变化，相对符合“倒U曲线”。

因此，《旅游法》中最大承载量的强制性含义应该是安全空间的强制性，所以其最大承载量应该是即时最大容量。

2 景区最大承载量是一个管理的概念

景区最大承载量体系很复杂，涉及很多因素，比如游客行为、团队规模、游客素质、资源状况、空间和设施等，有的因素甚至是无法量化的，比如游客的旅游目的不同，不同的游客体验需求就会产生不同的承载量。而只要有游客进入，景区环境状况就会产生变化，但由于景区的预警和调控系统不同，产生的影响就会不同，难点在于如何确定“多大的变化会引起事件性质的变化”，因此采用游客人数作为衡量景区最大承重量的唯一指标是不够全面的，而且最大承载量核定的数值很难较为准确，其数值只是景区安全可持续运营一个重要的指示灯，可对景区管理起到预警作用。

3 景区最大承载量不是一个定值，而是一个波动阈，随外部条件的变化可能会发生变化

一方面，由于不同的游览结构以及不同的服务对象会形成不同的景区最大承载量；另一方面，景区空间承载量会因人类对于环境的改造（比如道路交通条件的改善、景区扩容、新产品的开发）和管理方式（比如智慧旅游服务、服务标准的提高）的提升而发生变化，具有很大的可调节性。因此，景区最大承载量是一个相对极限值。

4 “上下内外一盘棋”，景区最大承载量管控体系构建

景区最大承载量管理是系统工程，景区流量调控工作要系统性展开。调控分流措施应由内到外，由景区到地方政府，自下而上，分级分工，实现总体控制一盘棋，景区和政府应通过沟通协作共同推进景区最大承载量的管理工作。

4.1 建立分级应急调控系统

4.1.1 地方政府一级总体调控系统

在景区流量调控过程中，地方政府的作用非常大，只有政府才能把控全局，调度安全和保障体系，组织多个部门，重点是交通与公安部门，通过信息化、智能化手段构建一级指挥调度系统，对通往旅游景区的外围高速路入口和主要集散中心（地）进行流量监控，在旅游景区外部进行引导、分流和截流。同时，旅游景区与地方政府实现联网，进行信息实时共享，根据外部信息反馈及时做好调控预案。

4.1.2 旅游景区外部二级缓冲引导系统

当景区内游客数量达到最大承载量80%时，应启动包括发布预警、交通调控、入口调控等措施控制游客流量。并在景区外3~5km范围内，通过与街道或相关片区管理部门联合，及时采取疏导、分流等措施。

（1）交通调控。有针对性地启动交通运力动态调整预案，通过景区周边道路管控、片区内停车控制、公交调度控制等措施引导分流，错峰接待。

（2）入口调控。合理设计游客排队等候的方式和途径。通过开通快速入园通道疏导分流入口处游客。通过折扣补偿、延长有效期等方式，减少景区入口或设备设施入口的游客数量。在景区入口大门及售票区增设电子显示牌，提供给游客最及时的信息。

4.1.3 旅游景区内部三级流量调控系统

利用信息化技术建立旅游景区游客流量调控系统，锁定旅游景区的敏感区域（如出入口、卖票区、道路狭窄区、停车场、热门景点等），并对这些敏感区域和运行车辆进行实时监控，一旦发现有人流过缓和拥堵的趋势，立刻采取相关的调控和调度措施（如分流、引导以及车辆调度等），并将信息反馈至地方政府一级总调控系统，通过自下而上、内外联合管理和调控，实现游客旅游活动安全有序进行。

4.2 定制全面有效流量控制措施

4.2.1 错峰与预售

景区可以实行旅游淡、旺季票价调节或预先支付享受折扣等方式，通过错峰游控制游客流量；景区也可以在特定时段，如黄金周期间，采取有效的门票预约和现场限售相结合的措施，实现景区对游客量的客观预测和掌控，制定相关保障措施。

4.2.2 监测与分流

景区进行流量监测可通过一定的技术手段，如门禁票务系统、景区一卡通联动系统、景点实时监控系统等，实现景区流量监测的点、线、面全面监测。

八达岭长城景区容量与游客管理的实际问题

Carryting Capacity and Visitor Management in Badaling Great Wall

宋海霞

八达岭特区办事处综治办主任

1 八达岭长城景区容量值的测算遇到的实际问题

八达岭长城比较特殊，多种测算方法都适用，例如卡口法、线路法、面积法都适用于八达岭长城，但我认为景区最大容量的测算精准度与实际情况有一些差距。目前八达岭长城公布的日最佳容量是6.5万人次，但是北方旅游淡旺季的明显差异化，使得最大容量相关数据的使用只集中在重点旅游假日和暑期。由于地理位置的特殊性，居庸关长城、水关长城、八达岭长城三段长城相毗邻，重点游览时段，京藏高速车流行驶缓慢甚至拥堵，八达岭长城游览高峰集中在11:30~14:30，瞬时的大客流使得景区的票务、环境、秩序面临一定的压力，游客在经历漫长的堵车后，情绪容易激动，大客流高峰的出现，使得游客对景区旅游服务的满意度认可更加严格和苛刻。八达岭长城的关城广场是景区的主售票区域和登城口，理论上广场上全部站满游人，也不过1000多人，按照最大容量值此时需要发出预警并采取有效疏导措施，但实际情况是，景区利用数字监控系统随时关注高速路况，发出相应预警信息，景区各个部门比如停车场、客运接驳、票务中心、综合管理中心相互沟通，相应延缓或加速客流行进速度，避免重点区域发生范围拥堵。

经过一段时间的运转和磨合，在实际工作中我深深体会到，景区最大容量可以起到辅助景区管理的作用，但是不管数字是多少，让游客游览得舒适安全才是第一位的。景区游客容量与游客满意度同时实现我觉得不太现实。八达岭长城全年接待中，日接待突破8万人次的天数，也不过3天左右，这个数字对于景区来讲意义不大，不管游人多少，做好安全服务接待才是首要的。2016年国庆节假日，景区日实际接待总量不到6万人次，但是京藏高速拥堵，游客车辆上不了高速，877、919路公交车堵在路上到不了景区，大批游客在车站等候，游客满意度此时无从谈起，游客容量不大，但游客不满意，所以很矛盾。

2 游客满意度现实与理想有差距

游客满意度所参考的因素很多，八达岭长城景区作为全国首批重点文物保护单位和旅游风景名胜区，多年的工作经验积累和基础服务设施改造提升，追求的目标是让在八达岭长城游览的中外嘉宾感动满意舒适。八达岭景区是北京所有A级景区中开闭园时间较有弹性的景区,所有来北京游览的游客，最想去的几个地标性景点中八达岭长城是必到的，但是与市区的交通距离和高速公路路况，决定着一部分游客到达时已经是我们的闭园时间了，但是考虑到游客的需求，我们安排值班人员延长营业时间，直到景区确实无法保障夜间游览安全，方才真正闭园。

所以，游客满意度确实是跟景区容量有关系吗？若说关系很大，我觉得谈不上，没有关系也不客观，只能两者分开看，我更倾向于景区游客容量用于景区管理，而游客满意度主要还是靠景区旅游品质的提升。

3 景区游客容量和游客管理还在不断探索

长城原本就具备防御功能，空间相对小，所以游客容量的控制也是非常有必要的，但实际运营过程中会碰到各种问题。比如，京张铁路如果开通，游客20分钟就能从市里到八达岭长城了，那对八达岭长城带来的冲击是相当大的，所以必须要考虑并规划好。

未来，长城是否要用预约机制，能否执行好都需要不断去努力和探索。

景区游客容量优化及游客动态管理

Tourism Carrying Capacity and Dynamic Visitor Management

张玉钧

北京林业大学园林学院生态旅游发展研究中心主任
北京林业大学教授、博士生导师

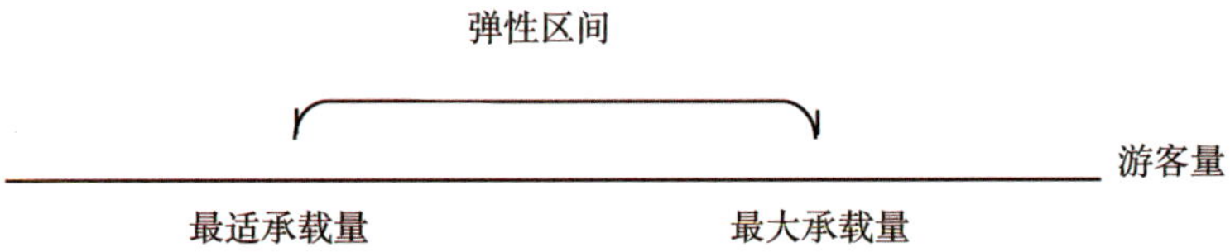

旅游景区承载量问题一直受到社会各界的广泛关注。景区承载量，简单来说就是在保障景区内每个景点游客人身安全和旅游资源环境安全的前提下，景区所能容纳的游客数量，也就是通常所说的游客容量。在实际测算时需要考虑生态、心理、社会等多种因素的影响。我们现在经常讨论的游客容量是最大承载量。

在这里需要提一下“容量饱和度”的概念，这是用来衡量景区的游客容量水平的。饱和度达到最适承载量时，游客的舒适度和满意度最佳，景区处于可持续发展的最适状态；饱和度低于最适承载量时，景区需要提高吸引力，增加游客量；饱和度高于最适承载量，未达到最大承载量时，即处于“弹性区间”内，景区须进行适应性管理，实施管控措施，使其达到最适状态。这就好比人体的健康状况一样，现在好多人处于亚健康状态，但距离病入膏肓还有一定幅度，这个时候就应该注重调理，向健康状态发展。

因此，饱和度应该得到景区的重视，既要及时调控一些游客稀少的景区，使游客量增长；同时，也要及时控制一些长期超载的景区人满为患的状况。比如今天来参会的北京几个“高大上”的景区，像故宫、八达岭长城、颐和园，都提到要缓解景区游客容量，但现实中也有很多景区是需要增加游客的。

基于上述分析，在现实的景区管理过程中，我们需要考虑以下两种关系，并需要采取一些相应的措施。

第一，理论和现实的关系。对游客容量的研究一直是这几年的热点，也形成了许多理论。但在实践过程中，理论的现实操作性却并不强。比如，各种各样的模式被研究出来后，现实中怎么去操作，是一个很大的问题，甚至有的专家直接否定环境容量的概念，认为在现实操作中没有什么实际意义。

我们在研究过程中，按照一个目标，从综合角度考虑一些因素，试图建立一个理想的游客容量饱和度控制模型，进而应用于景区的游客管理。考虑景区类型以及不同的影响因素，通过这种方式结合游客管理系统提出具有普适性的模型。在理论和现实关系上，既考虑普适性，又考虑可操作性。

第二，游客和景区的关系。影响游客和景区的关系，首先要考虑游客方面，包括游客数量、游客容量和游客的流量。游客流量的最大特点是它本身是一个动态变量，受到游客流动性以及空间格局分布等因素的影响。然后要考虑景区本身，包括景区尺度、景区类型，更重要的是要考虑景区的管理目标。不同类型的景区会有不同的管理目标，我们今天谈的大多数是人工景区或者是带有文化色彩的景区。除此之外，还有一类自然景区，相比人工景区其在自然资源保护方面的色彩更重。

国外有的国家公园的做法，其管理目标之一是保护动物，而动物的一大特点同样是移动性，部分有迁徙习性的动物会在一年的不同时间规律地出现在固定的区域，这就为游客管理创造了很大的变化空间。在动物从一个区域迁徙离开的情况下，这块区域可以完全不考虑动物因素，因此环境容量一下子就可以变大，但当动物迁徙过来的时候，游客就不可以在这段时间内出现，所以同样的区域由于时间不同，其管理目标也会发生动态变化，最终导致对游客的管理措施也不同。而在游客管理措施上，除了利用时间错位的手法扩大可游憩区域，还采用空间错位的手法，例如为动物专门建设抬高或下沉迁徙廊道，将其与游客通道分离。

对于国内来说，这种方法可用于一些湿地景区内的观鸟区，鸟有候鸟和留鸟之分，在候鸟栖息地，当候鸟飞离之后可以考虑让游客进入，但如果是在鸟的繁殖期，当然要禁止游客进入。在考虑游客与景区的特点之后，一些禁止游客进入的区域可以限时开放。所以，游客和景区之间的关系在现实中是十分复杂的，游客容量在此基础上会产生较大变化。

第三，在处理好上述两种关系的基础上，采取相应的管理措施。这里需注意一个问题，景区容量分最适容量和弹性容量，上面提到的弹性区间，在管理上还是有参照意义的。游客满意度是我们追求的目标，安全是一个景区首先要考虑的因素，其次是舒适度及其他因素。这里涉及动态管理的问题，《景区最大承载量核定导则》中也提出了一些旅游者流量控制的建议，包括门票预约、实时监测、疏导分流、预警上报、特殊预案等，还可以在周边区域建立缓冲区缓解游客量压力。

举个北京的例子，我们可以列出北京的景区谱系，可将北京城市郊区分六个档次，每一个档次对应不同的旅游产品，不同的档次再按照季节划分，每个季节都推出应季旅游产品，以此可大大增加旅游产品的多样性。在这个基础之上，处理好空间和时间的动态关系，可大幅度提高游客承载量。游客来北京准备去哪儿玩、玩什么、怎么玩，可根据相关推荐自助查询、提前预约，甚至可以提前一年就开始查询，充分了解目的地的旅游信息。相比现在大多数游客到了北京才决定去哪个景区这种玩法，进行提前预约查询的游客，他知道的景区景点数量自然会增加，而不仅仅限于几个有名气的景区或景点。

在这种情况下，各个景区的容量会因预约制的采用产生变化，同时不太出名的景区也可以获得一定的游客流量，分担热点景区的压力。此外，在现实的管理过程中，对承载量造成巨大压力的行为还要采取规避措施。比如，对一些需要采取保护措施的自然景区来说，在进行游步道设置时，会通过修栈道的形式来限定游客活动范围，减少游客接近保护区域的机会，规避了一些行为，从而有效减轻了景区管理的工作。

最后，游客管理还要有大的区域色彩。比如在北京还有许多景区的推广力度不够，出现阴影效应的景区在北京郊区很普遍，每到周末市民会集中在有限的几个著名景点，造成这些景区压力过大。这种情况需要运用智慧景区的管理手段，通过监测游客流动和容量动态，并实时公布景区游客数量，采用劝阻的方式，让游客及时调整游览路线，分流到周边区域其他景区，产生区域连带效应。当然其前提是要把景区进行谱系化划分，增加景区的知名度。当前政府倡导的全域旅游和智慧旅游会在其中起到重要的作用。

景区容量核定与核定后的跟进

Checking Carrying Capacity of Attractions and the Following Actions

刘德谦

中国社会科学院旅游研究中心学术顾问
全国旅游标准化技术委员会委员
《旅游规划与设计》名誉主编

前面大家已经有了很好的发言，吴教授也做了简要的总结。我就不再总结了，只简单说一说我的想法。

景区的容量问题，是大众旅游逐渐到来之后才在全球引起更多重视的。在我国，是从20世纪80年代才开始引起较多注意的。我国的前期研究者，如赵红红（1983），刘振礼、金键（1985），保继刚（1987）等，虽然他们当时大多讨论的是各自关注的某一地域或旅游区域的具体容量，可他们的研究无疑都是建立在对景区容量的总体认识之上的。我国旅游专业的第一位博士楚义芳也在他的学位论文《旅游的空间组织研究》（1989）里，对此有着多方位的阐述。这的确是一个很好的开始，一个很好的基础研究。我国旅游主管部门对景区容量问题的重视，除了2003年《旅游规划通则》中对此的思考和强调外，更全面的关注是从2014年国家旅游局委托有关机构编制《景区最大承载量核定导则》开始的。

2015年《景区最大承载量核定导则》发布的时候，一些新闻媒体采访我，问我有什么感想（因为在全国旅游标准化技术委员会审查这个导则时我担任了审查组长），我说，这是我们国家在旅游景区容量管理上的一个很大的进步，它为我国对景区容量的管理带来了整体的推动。尽管《导则》的最终版本对我提的意见没采用得太多，但我自己给予它这样的肯定还是由衷的。一是因为我觉得首先得让大家认识到推动这个工作的迫切性，而且首先应该肯定已有的成绩和它将会发挥的作用；二是多年旅游标准化技术委员会的审查工作告诉我，一个标准的通过与出台，不能够离现实太远，过于理想化的标准是难以获得多数票通过并难以得到实施的。所以我由衷地肯定这个《导则》，因为它已经为我国景区容量的管理奠定了一个十分必要的初步基础。

1 景区容量的整体核定与分区测定

之所以我自己要在那次审查会上提出最佳容量和游客舒适度的问题，原因是我觉得认识景区最大承载量，只是一个基础；如果从整个的景区管理来考虑（无论是从资源保护、生态保护来考虑，还是从老百姓旅游的感受来考虑），仅仅测定最大的承载量，进行容量的控制，也仍然是不够的。

当初我的想法是，改成最佳容量，也许最后会让老百姓、让旅游者更满意一些，景区管理者也就不会受到太多的压力。比如说，目前人们重点关注的景区空间容量的测算，其容量的总体核定可不可以不是套用一个通用的公式来进行，是不是不要简单地以游人平均所占的空间（或平均游览时间）来作为全景区统一测算的基础。因为游人在景区内并不是平均分布的，测算时所依据的人均占用面积的估值，各家各派的主张也是有极大的差异的。所以很难说它就是一个很准确、很合理的东西。

我还认为，每个景区的容量测定，如果能够从单一的景区核定，改为景区内分区容量的测定，然后采取分区测定的科学合成的办法，可能就会更有用处一些，也就能够为最佳容量的核定奠定很好的基础。因为除了不多的城市公园外，多数的景区都是由许多不同功能的“功能点”（旅游点/景点）组成的，各个“功能点”的功能又与其地形地貌及其地面植被和建筑体分布密切相关，与人们对它的认知和当前对其的使用情况密切相关。所以在对其承载力进行测定时，就必须分区分类来进行。即，第一步是分景点、分项目、分路段去测定各自的容量，根据游客对景区内不同景点的喜爱度及该点的实际容纳力、承载力，根据道路、桥梁、门径的通达度、必经度及其现实可流通量去衡量；第二步是分析景区内各功能点（各景点、各路段等）在景区构成中的地位与关键性，然后再进行有机的合成。有时，也还需十分注意考虑景区内外交通的承载量和社会承载量，等等。这样测定出来的景区容量，既有利于景区内部景点和道路等的容量把控，也有利于景区总体容量的控制。同时，也只有进行分区分类的测定，才有可能将“设施承载量”“生态承载量”“心理承载量”，以及“社会承载量”真正考虑进景区的容量承载力之中，真正融进景区的容量承载力之中，而不是让“设施承载量”“生态承载量”“心理承载量”等仅仅以“两张皮”的形式停留在《导则》内的概念描述之中。如果以此为基础，核定景区最佳容量、游客满意度容量，乃至最大容量，效果也许就会好得多。

2 关于早年事故的教训

当前人们最为关注的景区容量问题，其实是景区时空容量问题，其核心仍然是空间容量。有研究者认为，现在《景区最大承载量核定导则》中提出核定承载量所用的“旅游者单位游览面积”“每位旅游者在景区的平均游览时间”“人均空间承载指标”等，实际上，主要目的就是希望用一个经验数据或理想数据来框定一个景区的安全值。这个推断也许是不无道理的。从这些年由游人拥堵引发的景区恶性事故所引致的受害家庭的悲恸、相关部门的追悔、地方政府的被动和社会议论的叹惋来看，这些都不能不促使有关主管部门首先把对景区容量的关注集中于对游人安全的考虑。

回顾早些年我国景区发生的安全事故，如1983年华山游人从“千尺幢”跌落的事件、1991年太原迎泽公园“煤海之光灯展”的恶性伤亡事件、 2004年北京密云迎春灯展的恶性踩踏事件，教训都是极为深刻的，而且无一不与景区或具体路段的容量失控密切相关。

1983年华山“千尺幢”的险情发生在5月1日。起因是这天华山的游人陡增，闻名于世的“太华咽喉”千尺幢，平时游客侧身才能上下的崖梯被堵得水泄不通。突然一位中年游客被他人挤离了台阶，从上滑落下来，在他往下滑落的过程中又不断碰撞他人，以致形成十多个游人急速地往下翻滚滑落……正在这里旅游的第四军医大学学员们，马上行动起来，冒着自身被砸伤、被撞落的巨大危险，奋力抓住和扑救从崖梯跌落下来的游人，最后终于让他们转危为安，使整个事态化险为夷。千尺幢，是一条利用峭壁裂缝改造的台阶登山路，陡峭的台阶陷在两旁的巨石之间，坡度极陡，相连共有370余级，有的台阶的宽度甚至不过半个脚掌。从上俯视脚下，如临深渊；石级顶端犹如井口，所以又有“太华咽喉”之称。

1991年太原惊人的伤亡事故，是“煤海之光”灯展载誉回晋于该年中秋之际在太原迎泽公园做汇报展出期间发生的。由于灯展连日大量售票和赠票（有资料称，9月22日售票4万余张，23日又售了5.8万张，24日再售6.4万张，还陆续发出赠票5万余张），而所售所赠门票均无日期限制。9月24日，是灯展行将闭展的日子，因此持有门票的市民都集中前来灯展观灯，从而使得原已拥挤的灯展倍加拥挤。发生惨祸的地方是该园七孔桥及其周围地带。据称，先是拥挤混乱中有人行劫造成了人群的突然异动，从而酿成了挤倒、踩踏、落水、拥挤窒息，伤亡高达204人（官方统计数字为106人死亡，98人受伤）。迎泽公园的七孔桥是该园内一座横跨迎泽湖的拱桥，长约64m、宽约6m，是贯通东西两园的必经之道。灯会没有规定游园路线，所有路桥都是双向而行，东西两门入园的游人都希望去对面观灯，以致最终酿成争相过桥的极度拥堵混乱的伤亡。

2004年2月5日（农历正月十五），是北京密云的密虹公园举行第二届迎春灯展的第六天，观灯游人从平日的大约3000人骤增至3万多人。由于游人过于拥挤，终因一游人在拥挤的云虹桥上跌倒，引起连锁混乱踩踏，从而造成踩死挤伤52人（37人死亡，15人受伤）的恶性事故。事故的发生地点云虹桥（又称“彩虹桥”），是一座阶梯式拱桥，长7.8m，宽约4m，既是东西往来的必经要道，又是人们认为的最佳观灯地点，因此很多人登上桥后不愿意下来，而另一些人却不断从两头上桥，希望从拥挤中通过，以致越堵越死，从而酿成惨祸。最后查明，主要原因是负责云虹桥安全保卫的有关负责人擅自压缩值勤人员、推迟上岗时间，事故发生时值勤人员没有到岗，现场缺乏对人流的疏导控制。

从上面综合多种资料的三个案例来看，酿成安全事故的原因是相当多的，也是错综复杂的。但十分明显的，是所有悲剧都与景区或园区的整体容量密切相关，其中尤以1991年太原惨案最为突出。如从具体问题来分析，事故发生的主因，都是景区或园区交通要道的不堪重负。从发生事故的时间来看，都是游人最多的节假日或节事活动期间。从管理者的角度来追究，以上一切发生的原因，还在于主管部门对景区容量，尤其是假日（或节事活动）期间游人剧增缺乏认识，缺乏对人流的引导及控制措施，自然也还有疏导和秩序维护人员的缺位和失职等。像1991年太原“煤海之光”大量过度发售和赠送无期限门票的做法，如用现在景区管理者的认识来看，简直是利欲熏心的愚蠢。

当前《景区最大承载量核定导则》的出台，对防止以上事故的发生，显然是十分有利的，自然其中也吸取了往昔血的教训。但是，如从上面的事故原因来分析，仅仅有最大承载量的控制也显然是不够的。

3 控制最大承载量后的跟进

前面已经说到，由于“景区最大承载量核定”是以游人平均所占的空间（或平均游览时间）作为测算基础的，但是，由于游人在景区内并不是均衡分布且是流动的，所以“景区最大承载量”也就只能够在总体上进行承载量的初步控制。

游人在景区内非均衡分布与流动，一是因为游人对景区内各景点的关注度并不一样，园内道路的通达度和必经性是大不相同的；而景区各景点、各路段的承载力与游客的选择也不可能完全匹配，这就必然形成景区内游客非均衡分布的常态性，形成景区内各景点和各路段负荷的非均衡性。再加之景区内各景点的潜在危险性、资源及设施所需的保护程度、游客对不同景点的舒适度等的要求的不同等，这就使得粗线条的平均分布的核定办法面临更大的挑战。这是无论进行“景区最大承载量核定”与否，景区都不能不重视的一个重要问题。

第二个问题是游客的动态变化。这里所说的游客的动态变化不是指景区自身条件变化和市场变化所产生的游客数量的变化，而是指游客从进入景区到离开景区都一直处于流动之中。即使是在景区内的剧场及餐厅，游客的相对静止也是短期的。这也是常态。对于这种常态性的游人流动，一般景区都是能够自如应对的。难于应对的，是非规律性的人流变化，尤其是非规律性的集群式的流动，往往更是无法预料和难以掌控的。诸如气候的突然变化，园区新增项目的推出，节庆活动或演出的举办，媒体新闻引爆的兴奋点的出现，以及某些自然灾害和人为事故的突发，都可能引致人流的突然聚集和流向的异动，甚至一个小小的事件就有可能扇动起蝴蝶效应。如回顾中外景区及群体活动中发生的令人痛心的伤亡事件，人流的突然聚集和流向异动，正是其事故突发的起因。

所以我个人认为，有了景区最大承载量后的核定，或者在对本景区最大承载量采取了控制措施之后，并不是就此“万事大吉”了。所以，针对上面说的游人非均衡分布和人流非规律性群体异动，应该跟进的，一是尽快完成有关本景区游人密集点和路段的分区承载量的测定；二是及时制定游人流动常规变化和游人流动异常变化的疏导与控制方案，及早研究并完成相关的措施安排。比如适度扩大某些功能点的容纳空间，增加道路或拓宽路段，制定人流限制和疏导方案，增置疏导设施和安全设施，安排多样多次的游人提示和即时提醒，配置秩序维护和安全保障人员……在这些方面，《景区最大承载量核定导则》“附录B”的“景区旅游者流量控制建议”的内容是值得充分注意的。虽然它只是以“资料性附录”形式出现的“建议”，但是它对景区管理深化的价值，并不亚于这份《导则》的正文。在《导则》的这一“建议”尚未具体化形成规范要求之前，各个景区理当就此进行积极的探索。对于某些新建景区而言，这些工作最好在制定规划时就能够得到先期的考虑和安排。

近年对景区容量的管理，已经有了更有利的条件，那就是“智慧化”新技术的具体运用，包括线上预订票务与电子验票的配套，容量的即时监测、汇总与分析，信息的及时沟通与传播，管理预案与应对措施的制定与及时启动，以及将数字技术的多媒体展演作为游客分流的手段等，这些内容虽然在《导则》中没有明确的规定，但是与时俱进积极探索，也是多数景区所应该创新和跟进的。

还值得各个景区进一步跟进的，是如何在保障游客安全、保护资源、保护环境的同时，增加游客的体验度和满意度，也就是如何用“服务游人”的理念来逐步改造“管理游人”的办法，从而使得游人从不太乐意的“被管理”状态进入自觉地接受“舒导”（有利于公众安全舒适的“疏导”）的状态。近些年来，我国学界正在探讨的如何借鉴海外的有关理念的问题，如人们已经注意到的美国国家公园管理的逐渐深化中出现的三个管理理论模型——①提倡对国家公园进行分类管理以便为不同的游客提供不同体验机会的“游憩机会谱系”（Recreation Opportunity Spectrum，ROS）理论；②用于解决国家公园中的资源保护与利用问题的“可接受改变的极限”（Limits of Acceptable Change，LAC）理论；③基于ROS、LAC两个模型的改良深化而总结的“游客体验与资源保护”（Visitor Experience and Resource Protection，VERP）理论等，都是值得适度借鉴的。这方面的有关内容很多，好在我国对此的介绍和研究已经不少，在这次研讨会的主持人吴必虎教授，还有另一些学者的有关景区容量和规划的著述中，也都有了各自独到的丰富阐述，我这里就不再啰嗦了。也就是说，如果我们的景区在落实《景区最大承载量核定导则》并不断总结自身管理经验的同时，还能够继续深化自己的工作，不断地借鉴他人可资借鉴的理念与做法，在注意游客的安全保障和资源保护的同时，还能够不断增加和深化游客的体验感受，不断地增强游客旅游休闲的满意度，那么景区管理工作的更上一层楼，也就正是老百姓的需要。

这一期《旅游规划与设计》，是关于景区容量和游客管理的专辑。在我们编辑部已经收到的这期关于景区容量与管理的大量文稿中，有不少都是很有价值的文章，其中如来自故宫博物院的稿件、来自九寨沟管理局的稿件，还有对欧洲四个大博物馆的考察和分析稿件等，都谈到了如何提升游客体验和满意度的问题，都是很有前瞻性的。刚才在座的来自景区管理部门的实践管理者和研究者，也都有很多很好的发言，这些发言，编辑部也将把它们汇编为“圆桌会议”纪要的文稿编入这一期，这对全国的旅游景区的容量管理也将会起到很好的参考与借鉴作用。我想，这也就是吴必虎主编要发起召集这次圆桌会议的主要目的。

主持人：吴必虎

谢谢大家。刚才各位所讲的，从故宫到长城、颐和园、首博，可以说不仅是我们国内顶级的景区，也是世界顶级的景区。就像张玉钧教授所讲，我们有点儿遗憾，九寨沟、黄山这些自然型景区太远，我也没有那么多钱请他们来，但是对一些景区也进行了约稿，所以说各位一线的经验，给我们研究景区和对景区容量比较关心的人提了一些新的问题，我们接下来的工作是从大家的实践当中提炼出经验和需要研究的课题来，并分享给读者，这是非常重要的。

本专辑旨在将过去几十年的经验、研究进行系统地提炼，形成文字性的东西，给景区以及学术界一些参考，帮助中国全域旅游健康发展。尤其对公园或者是遗产性公园的管理运营来说，这样的理论意见和实践经验都会有非常大的帮助。

最后，我相信将今天座谈会得到的文字的成果呈现在杂志上，可能会比一个研究者关起门来写的文章更有意义，读者的收获会更大。因为我们杂志第一服务对象是读者，读者高兴我们就HAPPY，当然大家都是贡献者。我们感觉到参加今天座谈会的人对中国的景区容量和游客管理作了不少的探索和贡献，所以，我代表读者感谢大家的贡献，再一次感谢大家的参与。

景区承载量与旅游容量控制

Tourism Carrying Capacity and Visitor Management

杨锐

清华大学建筑学院景观系主任

（由于杨锐教授开会当天有课，未能出席会议发言；为此，本编辑部特派记者周宁馨在会后对他进行了采访。这里的采访记是经杨教授本人修改过的。）

日前旅游业已发展成世界第一产业，与此同时，在旅游高峰期，越来越多的旅游地变得拥挤起来，景区超载，旅游污染等现象日益加剧。旅游容量与环境容量究竟应该怎么做，都在探索和研究中。鉴于对此深有研究的杨锐教授因事未能出席本次研讨会，故本刊特邀记者在会后专程采访了他。以下便是杨锐教授就本刊记者所提三个方面的七个问题的回答。

1 关于旅游容量的实际价值

（1）世界旅游组织在1978~1979年度的一般工作报告《世界旅游组织六个地区旅游规划和区域发展的报告》中,正式提出了“旅游容量”这一名词。那么，旅游容量的实际价值是什么？

杨锐：首先，需要理清旅游容量的概念。其英文对应“carrying capacity”或者“visitor carrying capacity”，如果翻译成旅游容量的话就变成了数字的概念。其实与数字相比，carrying capacity更重要的是承载力的概念。在美国做访问学者的时候我就发现，实际上世界上很多carrying capacity的研究走到量的方面，就是走到了死胡同中。或者可以说不完全是量的控制，而应是对旅游整体压力方面的应对以及反馈机制。如果是把carrying capacity当作游客的承载力，它的意义可以说是非常大的。这样理解，对游客管理和旅游环境影响管理来说，carrying capacity是非常重要的一个工具。要点是防止将环境容量简单地理解为数量的问题。

（2）如何看待旅游容量在旅游规划和管理中的实践与应用？

杨锐：不管根据面积来计算，还是根据路线的长度来计算，我国旅游容量的计算主要是空间容量法。实际上，整个carrying capacity是旅游资源对旅游压力的一种反应，所以说光用空间或者是面积法显然是不够的，但是现在大部分风景区和旅游规划中实际上用的都是空间法，我觉得下一步应该探讨包括生态容量、社会容量、心理容量、设施容量等全面的承载力的计算方法。

2 实际理论运用与景区案例

（3）着眼于现在中西方的景区研究，举个例子，我自己实地考察过英国的世界文化遗产哈德良长城，在其规划与管理中，很好地运用了LAC理论和游客影响管理方式进行旅游景点容量控制。我有幸拜读了您的《从游客环境容量到LAC理论》一文，论文中有阐述梅里雪山的案例，您认为梅里雪山对其他景区有什么借鉴意义？

杨锐：刚说到环境容量应该当作机制来研究，所以在黄山和梅里雪山的案例里头，我们也都探讨了如何把环境承载力（carrying capacity）当作一种机制，当作旅游影响管理的机制，首先很重要的是要确定指标和标准。类似于人的体检一样，每个景区要确立标准。举个例子来说，我们体检有指标，比如说甘油三酯、胆固醇等，对于景区来说也是一样的，需要建立这种指标。比如说从生态系统角度讲，制定一个指标，如果超过对应的标准就说明旅游发展给生态系统造成了一定的影响，就不是一种可持续的旅游方式，并应该采取相应的措施调整到正常的指标和标准范围内。所以，环境容量或游客容量这种概念，大部分规划计算出景区一天能容纳多少人，一年能容纳多少人，但实际上这不解决问题。像一个草坪，草坪里1小时里有100个人，这是定量。第一，这100个人他们的活动不一样，100个人在里面坐1小时和在里面跳广场舞1小时是不一样的；第二，草坪下完雨后跳1个小时的舞和草坪干燥的时候跳1个小时的舞也是不一样的。我们可以给草坪设定若干个指标，如对土壤的压实度、树根裸露的程度等各个方面，可以设定指标，进行监测。如果超过这个指标，那么就算只有50个人也是不可接受的；如果没有超过这个指标，只要有合适的管理，甚至150个人都是可以的。我是希望从环境容量的量化概念走到游客影响管理的机制概念。因为环境容量是比较单薄的量的概念，如果是走到游客影响管理，通过指标和标准然后走到监测，能够随时把这个指标和标准动态地的反馈到这个机制中，这就是很大的进步。

（4）如果旅游景区人满为患会在很大程度上影响游客满意度与游客安全，您觉得心理容量与旅游资源合理容量之间的关系是什么？

杨锐：旅游者心理容量，东方人和西方人是不一样的，实际上东方人的心理承受力比西方人高得多。心理容量主要是拥挤度的问题，对于资源的影响最主要考虑的是资源承载力的问题，一个是自然承载力，一个是心理承载力。刚刚讲了，东方人和西方人心理承受力不一样，但生态系统在海拔、纬度、植被类型、气候类型基本是一样的情况下，其自然承载力是基本一样的。

3 不同景区需具体问题具体分析

（5）在理论研究与实践应用方面，对景区有什么忠告吗？

杨锐：很重要的一点，每一个景区都能确定自己的环境承载力的指标和标准，比如颐和园的指标和北海的指标可以不一样，再比如说每个景区都需要找到自己可以操作的标准。像黄山，经过讨论后，黄山的指标是多大体积土壤里面蚯蚓的数量。这个非常容易做，取一定体积的土壤，然后去数。类似这些，每一个景区都可以根据自己的情况、根据科研部门的标准和制度，每年或每半年检查一次，确定游客数量对景区的影响大小，在前几年可以观察标准设定得是否合理，进而根据实际情况进行调整，根据问题找到根源并解决问题。所以我觉得环境容量一定要走出数字的谜区，否则尽管日容量和年容量都没有超标，但是环境实际上还是受到了影响。指标设定需要有操作性。针对具体的景区，比如颐和园，对世界遗产的保护，要考虑它的OUV（Outstanding Universal Value，突出普遍价值）是什么，根据OUV反应该设定哪些指标，设定哪个区间的标准。

（6）现在流行互联网思维，移动互联网重塑旅游。那么您觉得互联网新技术对旅游容量测算技术和游客管理有什么影响？

杨锐：影响还是很大的，现在人手一部手机，能够搜寻到人在哪里，所以游客的分布通过大数据的技术是很容易获得的。除了游客分布之外，游客的调控也很重要，比如说买一张票，从哪个入口进去，在哪里吃饭，从哪里出去，有了APP等数据的管理，这应该是非常容易实现的，也是可以随时调控的。如果说容量已经超过了承受范围，可以减少或疏导一些入口的介入。根据长时间这方面数据的收集，可以调整不同入口的门票价格——提高拥挤部分的门票价格，降低非拥挤地区的门票价格，这样分布会比较均匀。但是对于环境的、生态系统的调控，这个大数据未必能解决，可能需要长时间的环境监测和积累。

（7）国家公园和其他景区相比，游客容量有什么不一样的地方？

杨锐：第一，国家公园不是一般的景区，它的游览活动实际上是作为国民福利的，而不是旅游业的一部分；第二，国家公园的首要目标是生态保护，第二位才是与生态保护兼容的游览活动、环境教育等内容，国家公园的首要目标是生态系统的完整性保护，那么它对于整个游览活动、对于游客影响管理是更严格的。在国家公园中更应该引入的是指标、标准这一套机制，以保护其完整性。国家公园这一块的研究要充分地开展。

（本刊特邀记者 周宁馨）

日本大阪城公园

景区容量测定与管理

Measuring and Managing Carrying Capacity of Tourism Attractions

王梦婷 冯祉烨 黄珊蕙　旅游容量概念界定与景区容量测定技术综述

朱忠福 邓贵平 任锦海　自然保护地旅游环境容量测定的方法与实践：九寨沟案例

徐文晴　国内外旅游景区游客容量管理研究综述

苏　睿　欧洲四家博物馆的容量管理与游客互动经验

徐晓东／摄

旅游容量概念界定与景区容量测定技术综述

Definition of Tourism Carrying Capacity and a Review of the Measurement of Carrying Capacity

文 / 王梦婷　冯祉烨　黄珊蕙

【摘 要】

伴随着大众旅游时代的到来，景区的规划者、经营者、服务者等都面临着对景区资源的利用保护、设施的建设维护与维持游客体验感知质量等之间的窘境，因此对景区容量进行测定研究不仅具有学术意义，也有现实意义。本文在对旅游容量概念以及研究进展进行综述的基础之上，对景区容量的测定方法、基础理论以及相关法律进行了概论及评述，并对景区容量测定问题进行了展望。

【关键词】

旅游容量；景区容量；容量测定

【作者简介】

王梦婷　北京大学城市与环境学院在读博士生

冯祉烨　北京大学城市与环境学院在读硕士生

黄珊蕙　北京大学城市与环境学院在读本科生

1 旅游容量定义

谢尔比（Shelby）和希伯莱因（Heberlein）[1]将旅游容量定义为生态容量（ecological capacity）、自然容量（physical capacity）、设施容量（facility capacity）和社会容量（social capacity）四类，并下设多因子解释、测定旅游容量。梅奇科夫斯基（Mieczkowski）将旅游容量分为自然容量和社会容量，前者由资源容量和生态容量组成，后者包括旅游者和当地居民的两个方面[2]。国内学者楚义芳[3]提出，旅游环境容量可以分为基本容量和非基本容量两大类；崔凤军[4,5]认为，旅游环境容量由环境生态容量、资源空间容量、心理容量和经济容量构成。笔者以楚义芳的两类五分法为基础，对旅游容量进行介绍和阐述。

1.1 旅游基本容量

旅游容量是一个概念体系，可以划分为五种基本容量，分为供给和需求两个方面：旅游感知容量、旅游资源容量、旅游生态容量、旅游的经济发展容量、旅游的地域社会容量[6]——它们之间缺乏相加的基础，所以旅游容量并不是各种旅游容量的数值之和，而是一个集合概念、属性统称。

一般可以认为，旅游容量是指一定时间和空间内，在不损害旅游地的自然人文环境、社会经济发展以及确保旅游者感受质量的前提下，所能承受的旅游业发展规模、旅游活动的最高限度，在数量上量化为旅游人数最大值[7]，而在概念上有旅游活动量、旅游者数量等表述。

（1）旅游感知容量。指旅游者在某一地域从事旅游活动时，在不降低活动质量（保持旅游者一定审美体验、旅游质量）的条件下，地域所能容纳的旅游活动最大量。旅游心理容量是旅游者和旅游地居民心理需求方面唯一有交叉的一个容量概念，也称之为旅游心理感知容量——本文将强调当地居民满意度的心理感知部分，并将其划入社会容量中。

（2）旅游资源容量。指在保证游览质量以及旅游资源数量的前提下，某地旅游资源（包括自然资源和人文资源）所能提供的最大旅游活动量；还有一种说法是，不仅仅考虑到旅游资源，也需要水源、土地、矿产等资源支持[8]。

（3）旅游生态容量。指在一定时间内旅游地域的自然生物链不被破坏、自然生态环境不至退化的前提下，旅游场所能容纳的旅游活动量。

（4）旅游经济发展容量。指一定时间、一定区域范围内经济发展程度所决定的能够容纳的旅游活动量。主要受旅游基础设施建设程度、餐饮住宿、旅行社等发展程度的影响，还受到外资吸纳消化能力、人力资源供给以及与其他冲突产业的利益关系等影响。

（5）旅游地域社会容量。指旅游接待地区的人口构成、宗教信仰、民情风俗、生活方式和社会开化程度所决定的当地居民可以承受的旅游者数量[9]。通常考虑两个方面：一是本地居民接纳外来游客的程度和对政府发展旅游业的态度，二是游客对旅游地总体形象的认知感受结果[10]。

除了这五种基本划分以外，还有旅游空间数量（旅游资源依存的有效环境空间所能够容纳的游客数量[11]）等概念，都有与这五种概念有相互重叠或阐述不清的问题，所以我们将从这五个角度出发，对景区容量测定进行介绍。在对景区容量进行测定的过程中，不能单纯地使用其中的某个或几个概念，而应当将多种容量进行综合，国内研究往往采用“木桶原理”，取最小值代表其旅游容量（图1）。

图1 九寨沟 **图片来源：九寨沟管理局提供**

1.2 旅游非基本容量

旅游的非基本容量是旅游基本容量在时间和空间上的扩展，关于旅游的非基本容量定义[12]包括以下几方面。

(1)旅游合理容量和旅游极限容量。旅游合理容量也称为“旅游最适容量”“旅游最佳容量”是旅游规划的基本工具。旅游极限容量是最大旅游承受能力，是旅游的“饱和点”，影响旅游地功能分区、设施等级、管理措施等。

(2)既有旅游容量和期待旅游容量。既有旅游容量是目前的接待容量，又称为“实际旅游容量”“已开发旅游容量”；期待旅游容量指的是旅游地在未来可能达到的容纳旅游活动的能力，也称为“规划旅游容量”。

(3)与旅游活动的空间尺度相关联的容量概念，按空间尺度的大小分为景点旅游容量、景区旅游容量、旅游地容量，以及区域旅游容量等。其中景区旅游容量指景点容量与景点间道路容量之和，强调容量的空间性。

非基本容量与基本容量都在一定时间内保持相对稳定、表现为一个伸展不宽的值域，非基本容量随着基本容量而变化[13]，两者都随着社会经济、地域文化以及旅游活动的类型等而发生改变。

图2 丽江四方街人流如织 王会龙/摄

图3 日本合掌村 徐晓东/摄

2 旅游容量研究进展

在旅游需求增长，景区开发与建设日益加快、扩大的过程当中，出现了季节性供需矛盾、旅游地生态破坏等问题。20世纪30年代，美国国家公园管理局提出对国家公园承载力(carrying capacity)或饱和点(saturation point)进行研究。1942年，萨默(Summer)提出游憩饱和点(recreational saturation point)的概念，即在长期发展、保护的目标下，旅游地所能容纳游客获得的极限量。自此，容量(carrying capacity)从生态学领域进入旅游领域的研究范围。1963年，拉佩芝(LaPage)[14]首次将容量的概念应用于户外游憩中，提出了游憩环境容量(recreational carrying capacity)的概念，即在可接受的环境质量和游客体验不下降的情况下，一个旅游地所能容纳的最大旅游者数。

1964年，韦格（Wagar）[15]提出“游憩环境容量”的概念，意识到要从游客体验角度研究旅游心理容量，强调人类价值的旅游心理容量的研究逐渐展开——用游客满意度、拥挤感知、游客密度与环境影响感知等，作为影响体验参数来对使用量进行评估。早期研究主要围绕满意度指标展开，后基于众多研究结果显示，满意度与游客密度之间无显著相关性等原因，后期的衡量指标逐渐用拥挤感知取代满意度。1977年，希伯莱因（Heberlein）研究指出，当游客数量达到某一数值时，游客便会感到拥挤。之后关于拥挤感的研究逐渐展开。近些年，研究逐渐转向确定心理可接受水平及其评估标准的方向。

1970年，生态学者斯特里特（Streeter）提出“旅游要维护旅游场所的数量，避免破坏舒适的气氛和野生动物。到目前为止，对于旅游资源生态、物质、经济和感知的容量几乎无人研究”，这是第一次有学者较为全面地提出旅游容量涉及的几个方面。20世纪70年代后期开始，世界旅游组织开始就旅游环境容量与旅游饱和内容专题进行报告。

为了保持旅游地的可持续发展，20世纪60~70年代，旅游容量的问题越来越受到规划人员和研究者的关注。关于旅游环境容量的研究逐渐达到高峰，学界希望找到控制人流的“魔法值”以达到对环境保护的目的，但是随着后续研究的展开，又有一些学者指出该值不存在或不具有普遍性。20世纪80年代，外国逐渐出现关于旅游环境容量管理的研究，较为成熟的是美国国家林业局在游憩环境容量的基础上提出的可接受改变的极限（Limits of Acceptance Change，LAC）理论。又逐渐衍生出更为实用的五步规划程序，着眼于维持和提高游客体验质量。美国公园管理局提出了游客体验与资源保护（Visitor Experience & Resource Protection，VERP）理论，可以进行检测管理。西方国家广泛应用的理论体系还有一系列，而相比较下，我国的研究则稍显落后：不仅仅落后于西方的研究进度，更落后于中国旅游业的发展进程（图2、图3）。

20世纪80年代，开始引进“环境容量”的概念，逐渐有少数国内旅游学者对旅游容量问题进行研究。国内旅游环境研究的早期阶段，侧重于理论研究，后来逐渐过渡到实证研究。赵红红[16]、刘振礼和金健[17]先后就旅游环境容量或称特定区域内旅游规模问题做了概念上和理论上的探讨和尝试。保继刚[18]将旅游容量定义为“在满足游人的最低游览要求和达到保护风景区的环境质量要求时，风景区所能容纳的游客量”，并对北京颐和园的旅游环境容量进行了个案研究。楚义芳[19]吸收国际上的研究成果，对旅游容量的概念体系、测量及应用做了较为系统的阐述。周公宁[20]研究了风景区环境容量的定义，并提出了风景区环境容量的五种估算方式。崔凤军在1995年将旅游环境容量称作“旅游环境承载力”，由资源空间承载量、环境生态承载量、心理承载量和经济承载量四个部分组成[21]；于1998年又系统分析了社会文化、心理环境、经济等旅游环境因子，构建旅游承载力的运算模式及旅游承载力指数。刘滨谊等[22]认为风景旅游承载力是AVC（风景旅游的吸引力、生命力和承载力）三力的重要组成部分，指经济、文化和生态三方面承载容纳能力，并将旅游环境容量分为客观容量、主观容量、主客观结合和其他容量。

国内外的研究都取得了一些理论和实际测算方面的成就[23]，国外对于旅游容量的研究集中在分析使用水平和影响的关系上，国内的研究主要集中于量化旅游者的数量。另外，同国外的发展趋势基本相同，我国学者也在探索将理论转变为管理模式和工具的途径。但旅游容量研究还未形成科学的系统体系，在量化方法上、应用价值上还缺乏规律性和普适性，研究任重道远。

3 景区容量的基础理论和相关法律

3.1 旅游景区容量的基础理论

从20世纪60年代起，西方国家先后出现了一系列游客管理理论——游憩承载力、游憩机会谱系、可接受的改变极限和资源保护等，它们形成了旅游容量的重要基础理论。除此之外其他理论如游客影响管理理论（Visitor Impact Management，VIM）、游客活动管理流程（Visitor Activity Management Process，VAMP）均是发展自以上基础理论，在此对上述旅游容量基础理论进行简要地介绍。

（1）ROS（Recreation Opporunity Spectrum）——游憩机会谱系理论。20世纪60~70年代产生于

表1 游憩用地生态容量计算标准

用地类型	允许容人量和用地指标	
	（人/hm²）	（m²/人）
针叶林地	2~3	5000~3300
阔叶林地	4~8	2500~1250
森林公园	<15~20	>660~500
疏林草地	20~25	500~400
草地公园	<70	>140
城镇公园	30~200	330~50
专用浴场	<500	>20
浴场水域	1000~2000	20~10
浴场沙滩	1000~2000	10~5

美国，成为推动世界公园发展的一种重要技术手段[24]。它从影响游客体验的角度将游憩地的自然、社会和管理要素相结合，来提供一系列的游憩机会，以确保游客能够得到满意的游憩体验[25]。最常见的游憩机会谱是美国林务局制定的“六分法”（1982）[26]，从影响游客体验的角度将游憩地分为“原始区域”“半原始且无机动车辆使用区域”“半原始且允许机动车辆使用的区域”“通道路的自然区域”“乡村区域”“城市区域”，并通过“可进入性”“其他非游憩使用”“场地管理”“游客互相作用”“可接受的旅游冲击”及“游客可接受的管理”相关指标确定机会类型。

（2）LAC理论提出仅将环境容量作为一个数据控制不能达到有效保护资源的目的，为了解决资源保护问题，应当关注三个原则（Stanky,1984）：

①关注控制环境影响，而非控制游客人数；

②淡化游客人数管理，强化非直接（管理游客）的方法；

③准确的检测指标数据是必要的。

此外杨锐（2003）阐述了LAC理论框架可分为9个可操作的步骤[27]，用步骤分明的管理过程代替了单一的容量计算。

（3）VERP（Visitor Experience & Resources Protection）在解决美国国家公园管理问题上提出解决环境容量和适当的游憩利用问题，以及由游憩导致的物理学影响[28]。游客体验与资源保护理论继承了LAC框架的可操作性，并结合ROS分区概念，进行了更深入的调整和细致的指标体系构建，提供了较强的动态管理方法[29]。VERP框架包含“建立框架”“分析”“操作方案”“检测与管理行为”四个步骤和九个要素，要素的使用范围，进行的顺序，用来完成的构建方法在不同情况下有所差别[30]。

3.2 我国旅游景区容量的相关法规

我国关于景区容量的旅游法规较少，2000年起施行的《风景名胜区规划规范》GB 50298-1999较详细地阐述了旅游景区容量的相关内容，在文件中专门提到“容量原则”，风景区游人容量应随规划期限的不同而有所变化。对一定规划范围的游人容量，应综合分析并满足该地区的生态允许标准、游览心理标准、功能技术标准等因素，并确定了一系列测算的规定（表1）。

《中华人民共和国旅游法》（2013）第四章旅游经营，第四十五条规定“景区接待旅游者不得超过景区主管部门核定的最大承载量”，并制定和实施旅游者流量控制方案，当可能到达最大承载量时，景区和当地人民政府应当及时采取疏导、分流等措施。根据第一百零五条，如若未依据法律实施，由景区主管部门责令改正，情节严重的，责令停业整顿1个月至6个月。

我国的法律过于强调“环境游客数量”的极限，忽略了“环境受到影响”的极限这一更广泛的概念。同时，在对游憩地进行划分时，没有较好地结合游憩机会特点进行划分；景区容量控制的实施措施不够明确，相关监管制度不够完善，责任划定不够清晰都是未来景区容量相关法律亟待解决的问题。

4 景区容量的测量方法

旅游景区的类型不同，其接纳能力也会有所差异。但总体而言，对于景区及其相关服务区来讲，对游客的接纳能力一般可以从景区生态容量、景区经济容量、景区社会容量、景区资源容量、景区心理容量这五个主要方面进行考察和测算。

4.1 景区旅游资源容量的测定

景区依托核心旅游资源而立，核心的旅游资源一般可分为自然资源以及人文资源两大类。在测算资源承载力时，一般可用面积法和线路法进行测算。

4.1.1 面积计算法

如博物展览馆、野营式公园、社区文化体验区、主题公园等景区，该类景区的游客休闲游憩活动几乎遍布景区全域。因此，采用面积法测算该类景区资源环境容量比较合适。

首先，可以借助现代地理信息系统以抽样调查的方式计算在不同时间段、不同游客量情况下，不同类型的游客游完景区所有景点需要的平均游览时间；然后，根据景区每天的对外开放总时间除以每位游客游览完景区所需要的平均游览时间，得出在每一次景区游客容量达到极限的状况下，景区每天所能接纳的游客批量；接着，可以用景区总开发面积除以每位游客在各个景点静止状况下对游览满意的平均游览面积，得到景区的单批次游客容量；最后，用景区单批次游客容量乘以每天的游客批次，得到景区每天的最佳游客接待量（图4）。计算公式如下：

$$X=\frac{t_1}{t_2}\cdot\frac{S_1}{S_2}$$

式中，X：一天内景区资源游客容量；t_1：景区每天开放的总时间（h）；t_2：一般情况下，游客游完景区的平均耗时（h）；S_1：景区游览总面积（m^2）；S_2：为了满足游览需求，单位游客在静止状态下需要的平均游览面积。

4.1.2 路线长度计算法

诸如颐和园、华山等主要以设计旅游游览线路引领游客游览，且旅游线路占景区总面积比重较小的景区，采用线路长度计算法合适（图5）。该方法与面积法本质上是相同的，区别在于，该方法一是需要测量景区游客游览线路的总长度，二是需要测量游客在对景区游览满意的情况下所需要的最佳前后人均游览间距。具体计算公式如下：

$$X=\frac{t_1}{t_2}\cdot\frac{L_1}{L_2}$$

式中，X：一天内景区资源最佳游客容量；t_1：景区每天开放的总时间（h）；t_2：一般情况下，游客游完景区的平均耗时（h）；L_1：景区游览总面积（m^2）；L_2：为了满足游览需求，单位游客在静止状态下需要的平均人均游览间距。

需要特别说明的是，对于游览线路设计较宽敞，可并排行走多人的景区，可参考面积计算法。

4.2 景区生态环境容量测定

对于景区生态环境容量的测定，应从景区污染物的种类和来源谈起。对于旅游景区，其污染来源首先有旅游者直接的排放物，例如日常的生活垃圾、卫生垃圾、交通废物、噪声等；其次，为景区的旅游支持性活动造成的污染，例如工作人员的生活垃圾、景区建设或改造的建筑垃圾以及噪声等；同时，也来源于景区周边的建设，例如工业制造、交通建设等。从污染物的种类来看，一般有生活垃圾、建筑垃圾、污水排放、噪声污染、废气等。若对景区的生态环境容量进行测算，则不但要从生态环境本身的自净能力入手，同时也应考虑到人工的清洁能力。但是，无论是在对景区旅游污染排放的测量方面，还是对环境本身对于

图4 九寨沟智慧景区旅游高峰保障应急联合指挥部　　图片来源：由邓贵平提供

某一种污染物的自净能力方面，都是一项极其复杂且专业性较强的工作。虽然测算的污染物种类繁多，但对污染物的测算方法和核心思路是：景区生态环境对于污染物的总自净能力加上景区人工环境对污染物的净化能力，可以得到景区总体上对某一污染物的净化能力，之后用总的净化能力除以单位游客的旅游行为所带来的某一物污染物总和。计算公式可以参考万幼清[31]提出的计算模型：

$$C_e=\left(\sum_{i=1}^{n}N_i+\sum_{i=1}^{n}Q_i\right)/\sum_{i=1}^{n}P_i$$

式中，C_e：景区生态环境总容量；N_i：景区对某种污染物的自净能力；Q_i：景区对某种污染物的人工净化能力；P_i：每位游客排放的某种污染物对景区产生的污染值。

4.3 景区经济容量测定

景区的发展要依托一定的基础设施。对于传统的“门票式景区”，经济容量主要可以从景区内外的基础设施对游客的接待量角度测算，一般从床位供应和食品供应[32]两方面着手。但是，随着带薪休假制的逐渐实行、人们生活水平的逐渐提高，短途的自驾游方式以及“泛景区”化的全域休闲旅游正在兴起，旅游要素中的“行”便成为一个不可忽视的因素。此外，游客对饮食的需求会因其本身地域、身体素质、年龄等差异而对食物的种类和数量的要求有所不同；同时，由于食物的供应不易统计，因此，景区经济容量可以从酒店、民宿的床位供应和公共泊车位（包括自行车停车位）两方面进行统计测算，食品供应可由市场自由调节。计算公式如下：

$$X_1=\sum_{i=1}^{n}v_i n_i$$

$$X_2=\sum_{i=1}^{n}c_i m_i$$

式中，X_1：景区中，各种床位容纳的总游客量；v_i：景区中单张i类床位能容纳的游客量；n_i：i类床位的总数量；

图5 颐和园　　徐晓东/摄

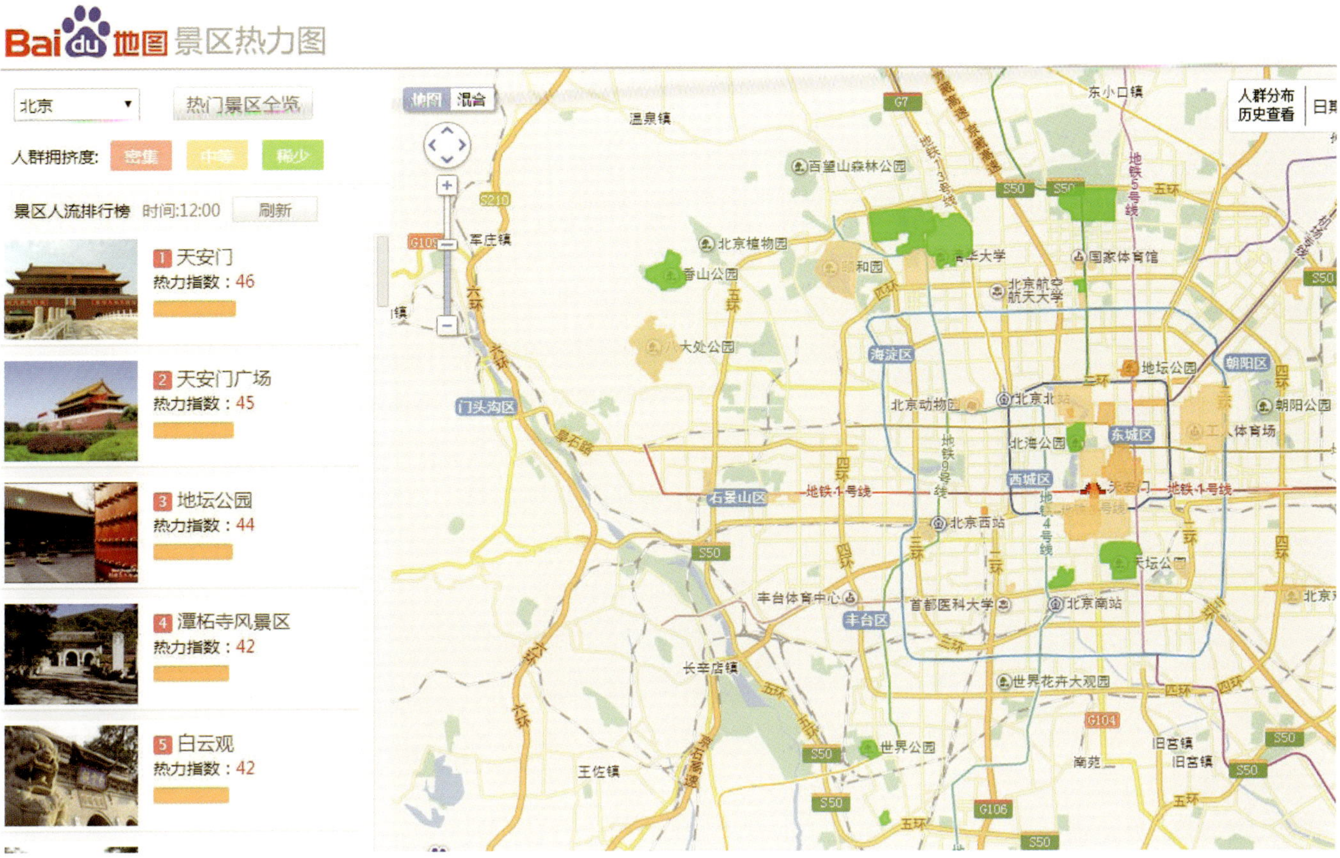

图6 景区热力地图 **图片来源：百度地图**

X_2: 景区及其相应服务范围区内，停车位能容纳的游客总量；c_i: 单个i类停车位对应的车辆能容纳的标准乘客数；m_i: i类停车位的总个数。

4.4 景区心理容量测定

旅游是一项主观性相对较强的行为，游客对旅游的满意度不仅受到旅游资源禀赋、旅游服务性设施便利性和舒适性、景区类型等因素的影响，同时，与游客过去的游览经历、个人的受教育程度等因素有关。因此，在不同游客量情况下，采用抽样问卷的方式，对不同类型景区进行满意度测定，不仅能够测量旅游者对景区游客量的满意度，同时也能反映景区其他支持性设施的供给量是否能够满足游客的需求。参考严欢[33]、罗宇红[34]、王寒冰[35]等人的相关研究，首先，可以从游客的身份特征，例如性别、教育水平、从事的职业类别、常住地区、有无过往游览经历等方面进行游客身份认定；其次，可以针对游客对景区人群密度、内外交通密度、景区游览设施供应状况、景区安全保障服务等项目进行满意度调查，例如借助李克特量表（Likert Scale）对以上项目进行赋值量化，测算在不同景区游客量的情况下，游客的游览满意度，最终结合所测得的游客满意度以及景区其他实际情况，对景区的心理容量进行综合考量。

4.5 景区社会容量测定

测定景区社会环境容量，主要以测定旅游目的地社区居民对旅游者大量涌入的感知与接受水平为主。涉及的因素包括景区本身的社会交融程度、景区社区文化的独特性、社区居民对外来文化的可接受度等。对于社会容量的测定，可以将问卷调查、走访调查、旅游者与社区居民人数统计比率结合。若旅游者人数占景区居民比重较小，一般而言说明外来游客对当地的社会影响力相对较小，但这也不是绝对性的。结合对游客身份特征、行为特征、景区居民对游客认可度等因素的综合调查会比较合适。

4.6 新技术应用下的景区容量测定

近年来，我国智慧景区工程建设取得了突破性的进展，包括景区信息网络基础设施、景区空间数据基础设施和景区信息共享服务平台建设等。智慧景区是智慧旅游在景区中应用的概念，指通过传感网、物联网、互联网、空间信息技术等，对景区的资源环境、基础设施、游客活动以及灾害风险等进行全面的监控、传输、处理和分析[36]。

在智慧景区建设前提下，大数据收集、分析、运用也逐渐走进旅游业发展的各个方面。由此，在景区容量测定方面，亦可借智慧景区建设之东风，将大数据充分运用于景区容量测定之中。例如，利用游客的手机通信数据进行景区游客密度测定，运用社交媒体签到数据以及点评数据进行游客满意度语义分析，运用游客刷卡等消费数据分析景区的社会经济容量[37]，基于地理信息系统建立动态模拟景区游客时空分布的行为仿真模型[38]，借助通信平台中QoS（Quality of Service，服务质量）机制的运用对智慧景区的容量等进行管理[39]。在大数据时代背景下，对静态与动态的时空数据进行高效、广泛、准确的挖掘，不仅能补充传统的景区容量测定方法，以提高景区容量测定的准确性，同时也能适时检测与及时调节景区容量（图6）。

5 结论与展望

本文基于五种基本容量的概念与测度方法，从不同角度对景区的旅游容量进行了测算方法的总结。需要指出的是，基于任一景区都是一个或大或小的旅游系统，景区旅游容量并非五个基本容量的简单叠加，也不能用“木桶原理”单纯取其最小值，而是要考虑这相互影响、相互作用的五种容量的综合结果，才能够对该景区的旅游资源利用、生态环境保护、社会环境协调等产生全面的参考意义，实现其对规划管理和经营维护的作用。

景区容量的研究也应当“承前启后”，立足基础理论，扩展法律政策，使得景区容量研究能够有牢固的理论基础，并且能够为社会旅游管理所实际应用。当然，随着研究的深入和科技的发展，这些测算方法和技术手段将不断更新、日益全面和精确，相关法律法规和技术规范也将更加立足国情，以促进旅游业可持续发展。

参考文献

[1] Shelby B, Heberlein TA. A conceptual framework for carrying capacity determination [J]. Leisure Sciences, 1984, 6(4): 433-451.

[2] Mieczkowski Z. Environmental issues of tourism and recreation [J]. Geographical Journal, 1995, 162(3).

[3] 楚义芳. 旅游的空间组织研究 [D]. 南开大学, 1989.

[4] 崔凤军. 论环境质量与环境承载力 [J]. 山东农业大学学报（自然科学版）, 1995(1): 71-77.

[5] 崔凤军，刘家明. 旅游环境承载力理论及其实践意义 [J]. 地理科学进展, 1998, 17(1): 86-91.

[6] 鲁春霞，谢高地，成升魁，等. 水利工程对河流生态系统服务功能的影响评价方法初探 [J]. 应用生态学报, 2003, 14(5): 803-807.

[7] 罗宇红. 基于视觉评估法的游客心理容量研究 [D]. 浙江工商大学, 2015.

[8] 于安静. 旅游环境容量研究 [D]. 辽宁师范大学, 2015.

[9] 章小平，朱忠福. 九寨沟景区旅游环境容量研究 [J]. 旅游学刊, 2007, 22(9): 50-57.

[10] 胡希军，朱丽东，马永俊，等. 金华市旅游社会承载力研究 [J]. 经济地理, 2005, 25(4): 590-592.

[11] 严欢，夏圣雪，张杰，等. 风景区旅游空间容量和旅游心理容量测定研究——以乌镇西栅景区为例 [C]// 中国风景园林学会2014年会论文集（上册）, 2014: 166-169.

[12] 胡允银.旅游容量研究 [D]. 华中科技大学, 2004.

[13] 刘明明. 旅游环境容量理论在生态旅游区中的应用 [D]. 东北财经大学, 2006.

[14] LaPage W F. Some sociological aspects of forest recreation [J]. Journal of Forestry Washington, 1962, 61(1): 32-36.

[15] Wagar J A. The carrying capacity of wild lands for recreation [J]. Forest Science, 1964, 7(3): a0001.

[16] 赵红红. 苏州旅游环境容量问题初探 [J]. 城市规划, 1983(3).

[17] 刘振礼，金健. 特定区域旅游规模的研究 [J]. 旅游从论, 1985(2):26-29.

[18] 保继刚，颐和园旅游环境容量研究 [J]. 中国环境科学, 1987(2): 32-36.

[19] 保继刚，楚义芳. 旅游地理学 [M].北京: 高等教育出版社, 1999: 145-165.

[20] 周公宁. 论风景区环境容量与旅游规模的关系 [J]. 建筑学报, 1992(11):50-53.

[21] 崔凤军.论旅游环境承载力——持续发展旅游的判据之一[J]. 经济地理，1995(1):105-109.

[22] 刘滨谊，余露，风景旅游承载力评价研究与应用——以鼓浪屿发展概念规划为例[J]. 规划师，2003，19(10):99-104.

[23] 李静，山西省永济市主要景区旅游环境容量的测算与分析[D]. 湖北大学，2014.

[24] Warzecha C, Manning R, Lime D, et al. Diversity in outdoor recreation: planning and managing a spectrum of visitor opportunities in and among parks[J]. Managing Recreational Use, 2001, 7: 26-31.

[25] 符霞，乌恩. 游憩机会谱(ROS)理论的产生及其应用[J]. 旅游论坛，2006，17(6)：691-694.

[26] Nilsen P, Tayler G. A comparative analysis of protected area planning and management frameworks[J]. United States Department of Agriculture Forest Service General Technical Report Int, 1997 : 49-58.

[27] 杨锐. LAC理论：解决风景区资源保护与旅游利用矛盾的新思路[J]. 中国园林，2003，19(3)：19-21.

[28] H of M, Lime D W. Visitor experience and resource protection framework in the National Park system: rationale, current status, and future direction[J]. Progress and Future Directions, 1997(6)：371-374.

[29] 沈海琴. 美国国家公园游客体验指标评述 以ROS，LAC，VERP 为例[J]. 风景园林，2013(5)：86-91.

[30] 宋文姝. VERP框架与旅游地环境容量的规划管理[J]. 绿色科技，2011(4)：27-29.

[31] 万幼清. 旅游环境容量确定方法的探讨[J]. 江西财经大学学报，2004(04)：60-63.

[32] 刘亚峰. 旅游环境容量计量及其调控研究[D]. 新疆师范大学，2006.

[33] 严欢，夏圣雪，张杰，等. 风景区旅游空间容量和旅游心理容量测定研究——以乌镇西栅景区为例[C].中国风景园林学会2014年会论文集(上册)，2014.

[34] 罗宇红. 基于视觉评估法的游客心理容量研究[D]. 浙江工商大学，2015.

[35] 王寒冰. 山地公园游憩容许量的研究[D]. 西南大学，2007.

[36] 党安荣，张丹明，陈杨. 智慧景区的内涵与总体框架研究[J]. 中国园林，2011(9)：15-21.

[37] 党安荣，张丹明，等. 大数据时代的智慧景区管理与服务探讨[J]. 西部人居环境科学，2016，31(04)：8-13.

[38] 黎巎. 景区游客游憩行为计算机仿真模型[J]. 旅游科学，2013，27(5)：42-51.

[39] 王亚非. 智慧景区中QoS机制在通信平台中的应用研究[D]. 北京理工大学，2015.

自然保护地旅游环境容量测定的方法与实践：九寨沟案例

Measuring Environment Carrying Capacity in Nature Reserves: the Case of Jiuzhaigou Scenic Area

文 / 朱忠福　邓贵平　任锦海

【摘　要】

文章首先对国内旅游环境容量计算的主要方法进行了梳理，提出物理空间容量常常是实际容量的关键。其中，基本空间标准是旅游环境容量计算的核心，它的确定是长期经验积累或专题研究的结果。其次，通过对历年九寨沟旅游环境容量研究的回顾，从几个主要方面对九寨沟景区容量进行了实证研究。随后，文章结合九寨沟容量研究成果，对景区容量管理举措进行归纳，提出旅游环境容量与景区管理水平相关的观点。最后，对景区容量研究与管理问题进行了讨论。

【关键词】

旅游环境容量；容量测定；容量管理；九寨沟景区

【作者简介】

朱忠福　九寨沟管理局高级工程师，中国科学院成都生物研究所博士生

邓贵平　九寨沟管理局高级工程师、博士

任锦海　九寨沟管理局工程师

注：本文图片均由作者提供。

美国国家公园管理局（NPS）从20世纪90年代开始制订“游客体验与资源保护（VERP）”框架，用于旅游环境容量（TECC）管理。VERP作为一种管理工具，其所谓的TECC研究是以游憩体验管理为出发点，回避了对国家公园所能容纳具体游客人数的计算，而着重于控制环境影响，通过建立框架、监测评估和调整管理等循环操作手段，来解决“是限制游憩活动还是要继续旅游开发”等有争议的问题。

我国国情与美国不同，人口基数大，自然风景区承担着保护国家生态资源与发展地方经济的双重职能，要求特定景区必须要有一个最大承载量。因此，着重对景区旅游环境容量的计算并不是像某些学者所称的容量研究“陷入数字泥潭”，而是发展中国家解决景区保护与发展问题的重要实践。无论动态的还是静态的，确定容量值是一个不能回避的问题。

由于旅游环境容量涉及的因素太多，包括空间承载量、设施承载量、生态承载量、心理承载量、社会承载量等各个方面。且环境各因子之间相互制约，联系错综复杂，因而要客观地量化它非常困难。本文坚持简单有效的基本原则，列举容量计算方法并进行实证研究。

1 旅游环境容量计算方法概述

旅游环境容量研究方法很多，可以概括为以下几种主要方式。

1.1 传统空间容量计算

旅游区容量：

$$T=\sum_{i=1}^{m}D_i+\sum_{i=1}^{p}R_i+C$$

$$D_i=\sum_{i=1}^{n}S_i$$

式中，D_i：第i景区容量；S_i：第i景点容量；R_i：第i景区内道路容量；m：景区数；n：景点数；p：景区道路条数；C：非活动区接纳游人量。

D_i、S_i、R_i的值采用面积法和线路法得出[1]。

1.1.1 线路法

瞬时容量：$C_0=L/L_0$，日容量：$C_1=C_0\times T/t$，年容量：$C_n=C_1\times D$

式中，C_0：瞬时容量（人）；C_1：日容量（人/d）；C_n：年容量（人/a）；L：游线长度（m）；L_0：人均占有游线长度（m/人），T：旅游区日均开放时间（h/d）；t：人均游览时间（h/人）；D：全年可游天数（d/a）。

1.1.2 面积法

$$C_0=\sum X_i/Y_i$$

式中，C_0：瞬时容量（人）；X_i：第i景点的可游览面积（m^2）；Y_i：第i景点的旅游者单位游览面积（m^2/人）。

日容量：$C_i=C_0\times T/t$，年容量：$C_n=C_i\times D$

式中，C_i：日容量（人/d）；C_n：年容量（人/a）；C_0、T、t、D的含义同前。该方法计算出的旅游环境容量是一个具体的数字，简单高效，对实际管理有一定的指导意义。但该值是一个静态的瞬时值，不能反映景区管理措施、环境变化与容量变化之间的动态关系。

1.1.3 设施承载量

$$D_1=\sum D_j$$

式中，D_1：设施承载量（人）；D_j：第j个设施单次运行最大载客量（人），可以用座位数来衡量。设施承载量按调查时实有设施设备的最高载人量计算。

当景区设施承载量是景区承载量瓶颈时，或景区以设施服务为主要功能时，其日承载量取决于日设施承载量，日设施承载量D_2由以下公式确定：

$$D_2=\frac{1}{a}\sum D_j/M_j$$

式中，D_2：日设施承载量（人/d）；D_j：第j个设施单次运行最大载客量（人/次）；M_j：第j个设施日最大运行次数；a：根据景区调研和实际运营情况得出的人均使用设施的个数；通过系数a去掉单一旅游者使用多个设施而被重复计算的次数。

1.2 传统空间容量改进算法

于航等[2]将传统计算公式修订为：

$$C=\sum\frac{X_i}{Y_i}\times\frac{T}{t}+\sum C_i$$

式中，C:游览区的日旅游环境容量；X_i：第i个游览景点的面积（m^2）；Y_i：平均每位游客占用的合理面积（m^2/人）；T：游览区每天开放的有效时间（h/d）；t：每位游客在游览景点的平均游览时间（h）；C_i：游览区内第i个游览线路的日环境容量（人/日）。该方法用全景区日周转率代替单个景点的日周转率，避免了各景点容量直接加合导致的全景区容量偏大。另外，考虑到景点间游客的流动性，故利用游路法加以补充，把集中在游览线路上的游客数量也计算进去。该方法的确为对传统旅游容量计算方式的一次重要改进。

此外，可通过热点景区吸引度[3]来计算景区日容量：

$$C=X_i/Y_i/K,\ K=P/R$$

其中，C：景区日容量（人/d）；X_i：第i景点的可游览面积（m^2）；Y_i：第i景点的人均基本占地面积（m^2/人）；K：景点吸引度；P：该景点高峰游客数；R：景区日游客总数。该方法时点容量采用热点景区实际容纳游客数量的瞬间极大值，而非一天中的平均值。这与传统算法中任一时刻旅游空间都使用规划时点容量不同。这种改进后的模型计算结果小于传统计量模型，对于景点吸引度比较集中的景区较为适用。

另外，还有：

$$C=\frac{r}{t}\times(t_2-t_0)=\frac{r}{t_1-t_0}\times(t_2-t_0)$$

式中，C：日容量（人/d）；r：景区高峰时刻旅游者人数（人/d）；t：每位旅游者在景区的平均游览时间（h）；t_0：景区开门时刻（h）；t_1：景区高峰时刻（h）；t_2：景区停止售票时刻（h）。该方法适用于当旅游者在景区有效开放时间内相对匀速进出，且旅游者平均游览时间是一个相对稳定的值。

1.3 系统动力学方法

该方法根据系统动力学原理，通过构建系统模型来模拟旅游环境容量系统的运动过程，分析其中人为决策因素对系统运动的影响，属计算机系统仿真。该模型是动态的，它能反映非线性、多重反馈性和时滞性的特点。

邱庆庆等[4]在对九寨沟游客流进行系统仿真时，依据客流的历史分布数据和最近访问过各景点的游客到达时间、离开时间、等待时间等信息，建立景区时点空间均衡规划模型，预测景区将来的游客分布状况，形成游客调度策略，达到平衡各景点游客负荷的目的。这种方法基于若干假设，如游客具有相同游览时间、线路固定，其他配套资源充足。其仿真结果显示，以均衡游客分布为目的的各种调度方案使得各景点利用率较低，这说明，若能充分利用各点，景区将具有较大的理想容量（图1）。

仿真研究多利用数学模型进行计算机模拟，用多种实验方案来获取能评价系统效能的相应指标值。如廖治学将线性、非线性模型组合，建立ABR@G集成模型来预测九寨沟景区游客量，实证表明该模型能有效地降低游客量预测的误差[5]。戈鹏等[6]用多分辨率网络来描述景区时空分流系统，建立实时预测和层次平衡模型，给出了解决高峰期游客景点分布不均、确保既定容量得以实现的方法。用系统仿真的方法研究景区容量问题科学性很强，将会成为未来景区容量研究的热点。

1.4 综合评价方法

刘玲（1998）认为应建立起一套完整的评价因子体系和提出系统科学的评价方法，以期对旅游环境容量的指标体系和研究方法进行深入的分析与探讨[7]。

李艳娜和张国智（2000）划分了九寨沟旅游环境容量，并从生态、空间、设施和社会四方面设计了分量公式，使用专家咨询法赋予权重值，综合实现旅游环境容量[8]。

综合评价方法构建了旅游环境容量指标体系，通过加权测算出综合容量值，判断各指标体系的权重是关键，往往通过专家打分与AHP法（Analytic Hierarchy Process,层次分析法）来确定。

1.5 心理容量测定方法

采用航拍、摄像与问卷结合法

图1 带LED屏的游客检票通道

来测定。该方法能在综合分析的基础上进行主观推断，虽然有量化，但带有很强的主观性。

单一问卷调查法，使用拥挤度和满意度这两个感知指标，利用打分法和满意度模型曲线来量化，该方法能减少一些主观性。

周年兴利用边际效益曲线，引入边际满意度概念来研究心理容量。他首先建立游客量同满意度之间的相关函数，这是经过多种曲线的相关系数模拟而得到的二次函数曲线；其次，对其求一阶导数得到边际满意度函数；最后，令边际满意度函数为零，得到最佳满意度及合理心理容量。这是用经济学方法来研究心理容量，该值主观性较强，一般小于景区物理空间容量[9]。

1.6 生态环境容量

生态环境容量是指一定时间内，每个游客所产生的污染物数量，以及自然生态净化与吸收旅游污染物的能力。旅游的生态容量测算公式为：

$$F=\frac{\sum_{i=1}^{n}(S_i/T_i)+\sum_{i=1}^{n}Q_i}{\sum_{i=1}^{n}P_i}$$

式中，F：生态环境容量（日容量：人/d），即每日游客最大量；P_i：游客人均每天产生的第i种污染物量（g/人）；S_i：生态环境吸收或净化第i种污染物量（g）；T_i：污染物自然净化时间（d）；Q_i：每天人工处理的第i种污染物量（g/d）；n：旅游污染物种类数。人为生态管理措施的介入，将大幅提升景区的生态环境容量阈值。

1.7 经济容量

经济容量是指各供给经济指标的容纳量，受地方经济发展水平的制约。经济容量主要指旅游接待设施容量，这些设施包括宾馆、饭店、交通、供水供电等设施。就满足旅游者的要求而言，经济容量可以以当地食宿与娱乐设施的供给力为指标，其中食宿为最基本的，二者所决定的游客容量计算方法如下：

$$C_e=\frac{\sum_{i=1}^{n}D_i}{\sum_{i=1}^{m}E_i}\ ,\ C_b=\sum_{j=1}^{l}B_j$$

式中，C_e：食宿供应能力所决定的旅游日容量（人/d）；C_b：住宿床位决定的旅游日容量（人/d）；D_i：第i种食物的日供应力（g/d）；E_i：每日人均对第i种食物的需求（g/人）；m：游人所耗食物的种类数；B_j：第j类住宿设施床位数（人/d）；l：住宿设施的种类数。九寨沟作为地方旅游经济龙头，各方高度重视，发展势头迅猛，经济发展容量不会成为旅游环境容量的限制因子。

1.8 限制性因子计算法

根据木桶原理，如果某个环节有限，那么能接待的游人数就受限于这一因子，只需估算这一限制因子所能接待的游客数即可。1995年，胡炳清借鉴生态学理论，提出旅游环境容量限制性因子与最低定律，并给出旅游环境承载力数学模型，定量地给出评价方法。影响旅游环境容量的主要因子有空间、交通、床位、游乐设施和停留时间。胡炳清给出了5个因子的计算公式[10]，并指出其计算模型为：

$$M=M_n\ (M_1,M_2,M_3,M_4,M_5)$$

计算5个因子容量值，取限制性因子容量值的最小者，作为当前旅游环境容量值，并把相应的限制因子确定为优先考虑。旅游容量的确定采用单一方法更简单、科学和实用，如用瓶颈容量或卡口容量就可以直接确定景区容量。但用“木桶原理”来确定景区容量，对于较大的景区，容易缩小整体容量，造成非敏感景点资源利用不充分。

1.9 自然资源环境容量的量测

自然资源环境容量是指旅游资源承载量，是旅游资源可以承受的既定利用方式的综合上限。具体包括特定旅游活动对地质构造、土壤、水、大气、动植物等自然景观资源，以及各种人文景观资源的综合利用上限。该环境容量等于自然资源总量除以人均用量。如：水资源环境容量=总供水量/人均用水量。若某种资源在景区紧缺或最敏感、是制约瓶颈，则景区自然资源环境容量就由该资源的实际容量决定。

2 旅游环境容量的计算标准

量测设施容量时多用设施比率（设施量/旅游者人数）来表示。在量测生态容量时，则用一定空间规模上的生态环境能吸收和净化的旅游污物量（污物量/环境规模）来表示。

与其他容量相比，物理空间容量显得特别重要，往往是实际容量的关键。空间容量计算有多种方法，但无论哪一种方法，基本空间标准

图2 九寨沟诺日朗瀑布

的确定都是旅游环境容量计算的核心。旅游环境容量的变化随着基本空间标准轻微变化而大幅变动。基本空间标准通常用人均占用面积数（m^2/人）来表示。学者对空间容量标准很多，下面列举几种有较大影响的标准：

《风景名胜区规划规范》GB 50298-1999中，线路法，以每个游人所占平均道路面积计，5~10m^2/人。面积法，主景景点：50~100m^2/人（景点面积）；一般景点100~200m^2/人（景点面积）。

杨桂华认为，对于环境的心理容量，通常在观景点每位游客需要20m^2的空间，即标准为20m^2/人；在人口密集的营地，每位游客需要的空间为10m^2/人[11]。

陈远清在《旅游项目开发可行性研究与经济评价实务全书》中给出了一个容量参考标准[12]：游步道12m^2/人或6m^2/人；登山步道8m^2/人或4m^2/人。

中华人民共和国旅游行业标准《景区最大承载量核定导则》LBT 034-2014中，山岳型景区空间标准，为核心景区1.5m^2/人，游步道1m^2/人。该数据均来源于景区实际调研。

根据冯刚对九寨沟的研究，九寨沟高峰期景点游客实际人均面积为1.47m^2/人[13]。

不同时期的容量研究,选择了不同的容量空间标准。景区实践经验证明，确定最大容量值是游客高峰期景区有序运转的保证。而基本空间标准的确定，是长期经验积累或专题研究的结果。

3 九寨沟旅游环境容量研究

九寨沟作为世界自然遗产地、世界生物圈保护区、国家级风景名胜区、国家级自然保护区、国家地质公园、国家5A级景区（图2），国务院、国土资源部、四川省旅游局、州政府等在不同时期分别批复同意了有关九寨沟旅游环境容量的规划。九寨沟开放初期，李钟武和樊姝玉建议九寨沟的环境容量为5000人/日，李艳娜和张国智定量分析结果为5008人/日；而后，经世界旅游专家测算，并写入《四川省旅游发展总体规划》中的九寨沟的环境容量为5400人/日；2001年，《九寨沟风景名胜区规划》确定日容量为12000人，并执行限量进沟的政策；2012年，《四川九寨沟国家地质公园规划》确定最大日容量为2.8万人；2013年，经四川大学研究，确定最大日容量为4.1万人/日，该容量经州政府核定、报省旅游局审核批准后执行至今。

今日的九寨沟已今非昔比。长期的旅游实践证明，随着基础设施日益完善和管理水平的提高，景区实际容量会在一定范围内增大。因此，尽管单纯的环保主义者对扩容持有异议，九寨沟的旅游环境容量值仍然与时俱进。

3.1 生态容量

3.1.1 基于BOD的水体稀释容量

水体纳污能力即水环境承载力，也称为“水环境日容量”，其计算公式为：

$$W=[CS-CO]\times Q\times 1000\times(3600\times 24)$$

式中，CS：水环境控制目标浓度（水质标准）（mg/L）；CO：背景值浓度（mg/L）；Q：水流量（m^3/s）。

九寨沟口是景区唯一总出水口，长期水文观测数据表明，沟口水流常年稳定，多年平均径流量为9.03m^3/秒。据查，GB 3838-2002 I类水质标准BOD为3.0μg/L，枯水期BOD背景值浓度为0.78μg/L。则每日水体的日稀释容量为：

$$W=(3.0-0.78)\times 9.03\times 1000\times 3600\times 24/1000=1732026.24\ (g)$$

对人均水体污染程度的分析。考虑到九寨沟景区居民总人数和生活方式稳定，自2001年5月1日全面实行“沟内游、沟外住”，景区垃圾日产日清，环保免冲厕所产生的污物全部打包运出沟外，景区内唯一的就餐点诺日朗餐厅的废水通过管道排出沟外处理，景区内人车分流，遵从游览路径规范，因此，原则上游客似乎并没有直接污染水体的条件。理论上，游客人数与对景区内水体影响程度呈现正相关。按照《旅游地理学》中旅游者生化需氧量（BOD5）每人每天40g的标准计算[14]，九寨沟景区仅河流水体稀释容量就为：1732026.24（g）/40（g/人/天）≈43301（人/d）。

3.1.2 基于BOD的水体容量

通过精密仪器定量监测湖泊水质人均影响变化值来进行容许人数的计算，对计算九寨沟水环境总容量而言是一种理想方法，但较为困难。可巧妙设计，利用长时间、大范围统计方法进行。如在对湖泊TP（总磷）负荷的研究过程中，计算湖泊I类水体标准与现有平衡浓度之间的差值，得到湖泊可接纳的TP容量；用该TP容量除以栈道平均单位面积TP排放系数，可推算出还可增加的栈道面积；根据实验期栈道游客平均密度可推算还能增加的游人数，这样，间接地建立起污染物总磷（TP）负荷与游人数之间的关系。用此法推算，在长海景点，每增加一位游客，将引起2.2×10^{-8}mg/L的TP浓度变化，日容量可达14.13万人。

可见，水体的容量相对较大。同样，大气、土壤、森林植被、垃圾处理等与生态容量有关的因素，都有一个较大的值域，一般不会成为限制因素。

3.2 设施容量

服务性设施范围很广，包括餐厅、住宿、观光车等交通工具、停车场及机场、供水、排水、供电、

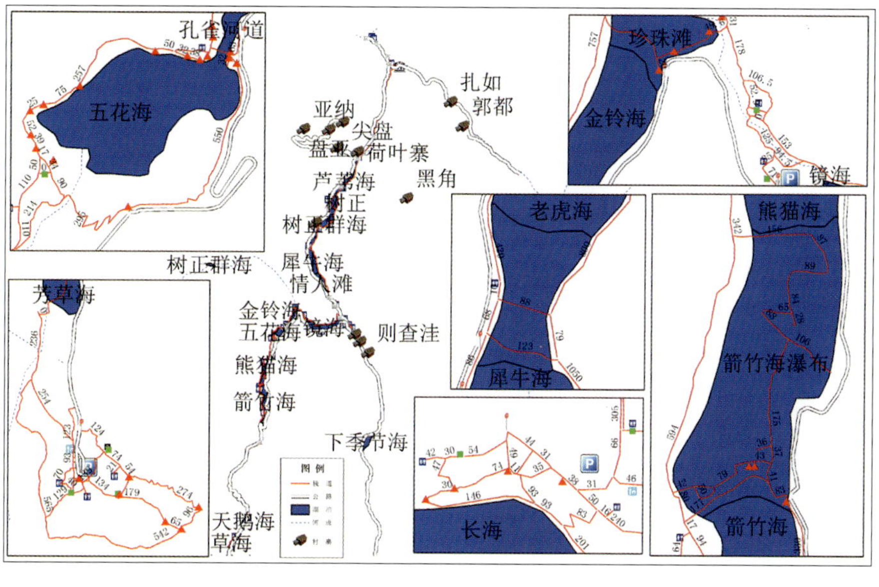

图3 九寨沟景区游道空间分布示意图

供气、通信、码头、卫生间、垃圾桶、垃圾处理、粪便处理、污水处理。作为旅游经济容量的主要载体，设施容量可通过投资的增加而扩大，完全受市场作用的调节。因此，为保证旅游景区运营的门槛，设施容量存在下限，一般不存在上限。

九寨沟景区内实行“人车分流”，人行人道，车行车道。景区观光车类似于城市公交车，游客在各景点间流转，观光车的数量、运力与调度方式成为均衡游客景区分布的关键因素。

根据公式

$$D_2=\frac{1}{a}\sum D_j\times M_j$$

计算，现有观光车的有效运力能达到4.8万人。

3.3 心理容量

旅游心理容量是个多因子函数，各单因子都具有社会性，很难进行定量分析并进行计算机建模。因此学者大都将各单因子组合成为一个单一变量函数，组成了游客满意度同游客人数之间的相关函数，来计算旅游心理容量。满意度可以通过实际问卷调查得出，游客人数可以通过航片、实际记录人数得出，两者之间的函数关系比较容易得到。在高强度的特定旅游区内，一般随着旅游者人数的增加，游客的满意度呈下降趋势。

在实际操作中，为简化难度，我们从游客普遍心理与感知角度出发，在游客高峰期、平峰期、低谷期等不同时期对游客进行问卷调查，求出游客在良好心理感应时的人均占用游览设施的适宜面积，然后以此为依据并按照一定的周转率求取旅游区的适宜心理容量。景区某时期可游面积是一个固定值，心理容量大小取决于游客可以接受的基本空间标准。这样，心理容量的确定就转化为空间容量的计算了。

3.4 空间容量

根据《景区最大承载量核定导则》LBT 034–2014所给公式：

$$C=\sum X_i/Y_i\times th\,(T/t)$$

式中，C：日空间容量（人）；X_i：第i景点的有效可游览面积（h/d）；Y_i：第i景点的旅游者单位游览面积（m^2/人），即基本空间承载标准；T：景区每天的有效开放时间（h/d）；t：每位旅游者在景区的平均游览时间（h）；$th\,(T/t)$为(T/t)的整数部分值。是通过GIS与现场调查相结合的方法得到九寨沟主要景点空间基础数据（图3、表1）。

若游人游览按1.47m^2/人的标准、游步道0.95m^2/人的标准，则九

表1 九寨沟景区游道基础数据表

线路	景点名	观景栈道面积（m^2）	观景台面积（m^2）	休息亭面积（m^2）	通行栈道面积（m^2）
日则沟	原始森林环形栈道	4376	2420.9	682	0
	原始森林高点至草海休息亭	5390	102	48	0
	草海休息亭至鹰爪洞	1870	426.2	0	0
	箭竹海环形栈道	7596	60	264	0
	箭竹海瀑布至熊猫海观景台	5299.2	1272	0	0
	熊猫海观景台至五花海栈桥	6408	2463.85	169	0
	五花海栈桥至珍珠滩	2132	75	145	0
	珍珠滩瀑布环线	2205	2126	128	0
	珍珠滩瀑布至镜海停车场	1462	1074	290	0
	镜海停车场至诺日朗瀑布	3948	301	0	0
树正沟	诺日朗瀑布上车点至中心站	1860	459.5	168.7	0
	犀牛海横道至诺日朗瀑上点	0	0	59.24	5336
	树正磨房至犀牛海	4863	440.5	0	0
	火花海至树正磨房	5502	1112	130	0
	黑角桥至火花海	5070.2	399	0	0
	盆景滩至黑角桥	4759.2	370	203	0
则查洼	长海环形栈道	6738.7	2122	981	0
	长海至五彩池	0	0	0	1644
	五彩池	1474	0	336	0
	诺日朗中心站	0	3777	0	220
合计		**69083.3**	**18574.75**	**3603.94**	**7200**

图4 九寨沟人车分流

图5 九寨沟人流车流视频监控

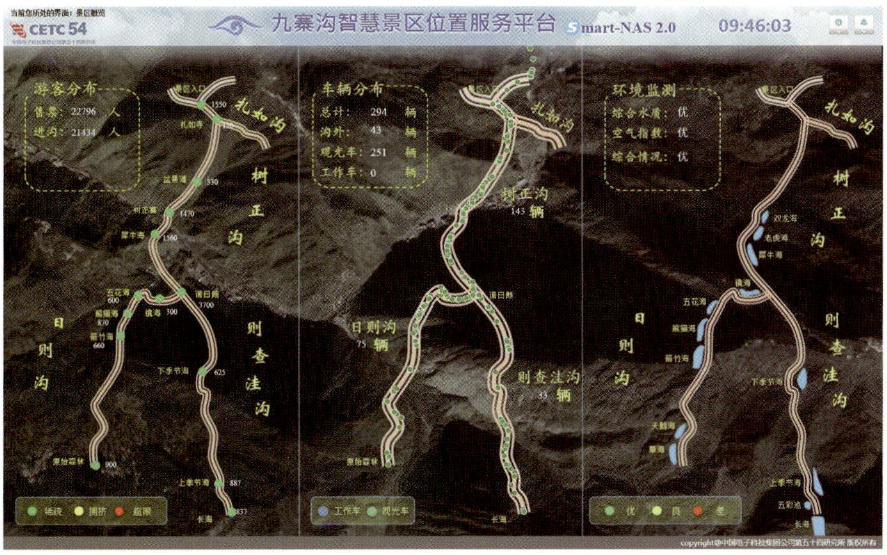

图6 人、车、环境在线监控与车辆调度平台界面

寨沟景区空间瞬时容量为7.1万人/d；若采用核心景区1.5m²/人、游步道1m²/人的标准，则空间瞬时容量为6.9万人/d。可见，九寨沟的瞬时空间容量较大，但前提条件是有足够强的手段将游客均匀地分布到景区各景点，使其在景区内有序流动。实践证明，景区观光车的运力是有效利用空间容量的瓶颈。

九寨沟是大型景区，结合实践经验，考虑自然生态、社会经济、空间设施等因素，根据公式

$$T=\sum_{i=1}^{m}D_i+\sum_{i=1}^{p}R_i+C$$

计算和系统仿真综合分析，科研机构得出了特定时段景区最大日容量4.1万人的结论。

4 九寨沟景区容量管理

九寨沟景区游人日容量为何能从早期规划的每天5000人跃升至今天41000人？除基础设施日臻完善外，主要依靠科技进步与管理水平的提高。当前，九寨沟景区容量管理的主要举措如下。

4.1 区域统一管理，科学管控人车

建立了统一领导、统一指挥、统一协调、分级负责、及时应对，规范、科学高效的旅游高峰保障应急联合指挥体系，全面提高区域内各单位整体应对旅游高峰的能力。利用微信平台建立微信群指挥中心，结合基于RFID的“时空分流”导航管理模型以及基于人脸识别技术的人流量视频智能分析系统，科学分流。及时全面地掌握景区内车流、人

图7 九寨沟珍珠滩环形栈道

流的时空分布状况，统一安排，合理调度，高效运营景区内观光车辆，积极主动引导游客按最佳路线进行游览，均衡游客时空分布，大大提高了景区管理运营效能（图4、图5）。

4.2 建立应急机制，增加管理力量

编制《游客高峰时段旅游景区应对标准（A++标准）》，启动四级应急响应。Ⅰ级（红色），接待量在4万人以上，抽调职工总数（九寨沟管理局职工人数为500人）95%到一线；Ⅱ级（橙色），接待量在3.5万~4万人，抽调职工总数80%到一线；Ⅲ级（黄色），接待量在3万~3.5万人，抽调职工总数60%到一线；Ⅳ级（蓝色），接待量在2.5万~3万人，抽调职工总数50%到一线。

4.3 多种手段并举，均衡时空分布

高峰时段采取多种措施，控制和分流游客。规范旅游服务，通过提前售票、错时进沟、分区游览、分时游览、分时就餐、景区交通管制、延长服务时间、增加一线人员、使用微信管理平台、人车在线监控、科学调度、媒体公告等综合性措施，确保旅游服务质量和效率（图6）。

4.4 构建和谐社区，确保社会容量

九寨沟始终把景区居民视为景区发展的动力而不是阻力，是财富而不是包袱，是管理者而不是被管理者，是保护者而不是破坏者。通过多种措施，如每年从门票收入中按7%提取经费分配给居民、餐厅入股分红、景区自主经营、优先雇用本地人等，保证景区居民的既得利益，处理好了“保景”与“富民”关系。社会容量属于社区居民的心理容量，因游客数量与社区居民直接利益呈正相关，在主观上社会容量是无上限的。

4.5 完善环保设施，发展生态容量

沟内修建70km架空生态栈道，规范了游人路径，避免了对周边植被、土壤的破坏（图7）。建立七处保护站，全区WIFI和高清监控覆盖，强

化的林政与网格化管理，定期巡山与监测，确保了生态资源真实性和完整性。率先运用免冲环保厕所，所有污物打包外运。修建排污管道，景区污水统一排出沟外处理。景区动态保洁、垃圾日产日清，树立起零垃圾品牌。完善环保设施，大力采用人工环保手段，提升了景区生态容量。

4.6 政策严格调控，保证持续发展

九寨沟坚持"保景富民""保护型发展"思想，执行"沟内游、沟外住""景区经营活动外迁""限量进沟""运行绿色观光车""人车时空分流""优先雇用本地人"等举措，取得了优良效果。其中，"限量进沟"作为容量管理的主要内容，九寨沟一直高度关注。九寨沟景区每日4.1万人的容量确定，不单来源于公式计算与计算机仿真研究的理论推导，更重要的是来源于景区多年来实际管理经验的总结。多年来的努力实践，推进了景区的可持续发展进程。

5 问题讨论

旅游环境容量对于保持景区有序运转、稳定游客满意度、减少环境压力是必要的。故在确定容量时，需要考虑这三个方面。以九寨沟景区为例，下列问题应进一步讨论并明确。

5.1 旅游环境容量与景区管理水平相关

瞬时空间容量是客观存在的物理容量，是以游客在景区有序分布为基础的，该值往往较大，如本文计算九寨沟景区栈道瞬时空间容量能达到每日7万人左右。但实际情况是，当游客人数还未达到物理容量上限时，景区游览就已拥挤不堪，主要表现为游客在各景点与观光车站点的瞬时集中，而此刻许多其他点位却相对闲置。高峰期，景点出入口并发处理能力不够，与景区实际容量不相符，成为瓶颈之一。在旺季的九寨沟，经常会出现观光车与游客长时间相互等待对方的现象。如在五彩池上车点，高峰时段观光车空载排队直到九老洞沟口，而游客也在人山人海中焦虑地排着长队等待上车。这说明，对景区游人流的游览引导还存在问题，需要科学策划游览线路以减少理论与实践的差距。

其实，容量水平是基于研究者当时的认知水平而确定的一种相对理想的状态，应当随着人类认识、社会进步与科技发展而逐渐完善，以找到理想与现实之间的落脚点。景区管理水平在一定程度上与旅游容量呈正相关。

5.2 游客环境容量的理论研究与实践有差距

规定时间、规定线路游览可使景区容量达到更加理想的状态，但在实践中有困难。游客出门旅游，寻求开心与自在，规定太多，将影响游兴。规定越死、越细化，就越接近理想容量，但游客满意度越低，实践操作只能折中或量力而行。同时，因景区游览地形的限制，各景点客观上都存在物理瓶颈，应从实际运营管理上来考虑景区最大容量状况。

随着中国旅游形势的一片大好，未来九寨沟游览必将进入一个新的阶段，当前容量限制并非一成不变，它会随着九寨沟旅游综合环境的改善而改变，更多形式的特种旅游将越来越多。尽管如此，日益增加的大众观光游还将在一定范围内长期存在。

环境容量测算标准易受人主观因素影响。由于个人喜好与认识水平不同，每个人对容量的理解也不一样。喜欢热闹或有利益驱动者希望容量大些，喜欢清静或怕压力者偏爱容量小些，不同时期对容量的认识差距也很大。风景区的规划容量在指导景区管理中常常处于较为尴尬的地位。

5.3 旅游环境容量与游览观念有关

在确定游客容量时，不同景点结合实际运营状况可以采用不同的空间标准。九寨沟是大型景区，游客在九寨沟能游览的空间很大，应当摒弃一日游完九寨沟的传统观念。如果一日只游部分景点，那么这部分景点的周转率要单独计算，整个景区的容量将变得更大。应从以上两方面科学确定景区最大容量。在容量控制时，应广泛宣传、加强引导，在高峰期甚至可强制游客按规定线路游览，并向游客充分解释这样游览对遗产地生态环境、社区发展、保护管理的诸多益处。另外，旅游容量的大小还受天气影响，如九寨沟一遇雨天，多数游客不想多走栈道，急于乘车前往下一景点，游客瞬时集中，容量管理问题即刻突显。

游客传统游览观念对旅游环境容量的影响主要体现在以下两方面。

（1）游客游览方式对景区容量影响极大

无论团队或散客，中国游客都

喜欢集群游览，人流团块化移动常使观光车负载不均衡，还降低了观光车运转效率。应当想办法改变游客观念，化整为零，提倡服从管理、多样化、个性化、非常规景点旅游。另外，个人素质的高低与行为是否文明也对容量有较大影响。

（2）传统“一日游”观念是景区容量瓶颈

客观上，一日游只能游主要景点的部分区域，绝大多数人都是沿相同的几条线路游览，景区更多的游览设施被闲置或利用率不高。景区在历史实践中曾出现过1日接待超过5万人的情况，但这是以低满意度和部分游客未游完主要景点为前提的。打破“一日游”观念，有利于提升管理容量，科学确定最大容量并严格执行限量政策（图8）。

5.4 加强游客时空分流理论实践的科学研究

观光车在九寨沟景区容量管理中扮演着非常重要的角色。实践证明，在一定范围内，观光车的数量与景区能够承载的游客量呈正相关。高峰期游客的拥堵问题，往往出现在上下车站点。在极拥堵的上车点，一旦观光车没有跟上，现场环境便会急剧恶化。为此，景区观光车数量不断增加，以保证运力。应当加强游客时空分流理论的落地工作，认真研究景区游人游览路线，做好规划设计，科学制订观光车运营调度方案，以便以最小的成本实现人流、车流、物流在景区的有序运转。

综上所述，对于游客容量与景区管理而言，发展才是硬道理。未来，应加强和完善保护性、游览性基础服务设施建设。如生态因子全面监测，特别聚焦敏感、限制因子的监测与管理；着力解决瓶颈问题，可在沟口修建高架桥、高架栈道、高架公路，向上层空间发展，科学设置出入口，以解决高峰期游客瞬时拥堵、无法周转的问题；在沟内瓶颈位置增加通行栈道面积、景点游览面积；增加车辆运力、提高科学调度水平；

图8 九寨沟五花海

根据统计比例，按个人喜好、身体条件、教育程度与素养，细分市场、分别设计游览线路，细化容量管理举措；结合实际深入研究，探索新的科学、有效的景区旅游环境容量监测与管理方法。

基金项目

本文为国家国际科技合作项目“九寨沟水资源与生态安全保护关键技术合作研究”（项目编号：2013DFR90670）、四川省旅游业青年专家课题“基于空间数据集成的九寨沟景区容量管理研究”（课题编号：SCTYETP2015L23）部分研究成果。

参考文献

［1］鄢和琳. 生态旅游区环境容量确定的基本原理及其应用探讨——以九寨沟、黄龙为例［J］. 生态学杂志，2002，21（3）：73–75.

［2］于航，董德明，等. 旅游环境容量的计算方法［J］. 吉林大学学报（理学版），2008，46（3）：571–574.

［3］李金，张跃西，等. 旅游环境容量模型的改进及应用探讨［J］. 西南农业大学学报（社会科学版），2009，7（1）：15–18.

［4］邱厌庆，戈鹏，任佩瑜. 基于九寨沟景点负荷均衡的时空分流导航研究［J］. 资源科学，2010，36（1）：118–122.

［5］Zhixue Liao,Maozhu Jin，etc. Research on prediction of tourists’ quantity in Jiuzhaigou Valley scenic based on ABR@G integration model［J］. Int. J. Environment and Pollution，2013（51）：176–191.

［6］Peng Ge，Zhixue Liao，etc. Multiresolution Network Temporal and Spatial Scheduling Model of scenic spot［J］. Mathematical Problems in Engineering，2013（3）：87–118.

［7］刘玲. 旅游环境承载力研究方法初探［J］. 安徽师大学报，1998，21（3）：250–254.

［8］李艳娜，张国智. 旅游环境容量的定性分析［J］. 重庆商学院学报，2000，6：32–34.

［9］周年兴. 旅游心理容量的测定——以武陵源黄石寨景区为例［J］. 地理与地理信息科学，2003，19（2）：102–104.

［10］胡炳清. 旅游环境容量计算方法［J］. 环境科学研究，1995，8（3）：21–27.

［11］杨桂华，等. 生态旅游的绿色实践［M］. 北京：科学出版社，1999：21–26.

［12］陈远清. 旅游项目开发可行性研究与经济评价实务全书［M］. 北京：中科多媒体电子出版社，2003：289–311.

［13］冯刚. 基于管理熵与RFID的九寨沟游客高峰期时空分流导航管理模式研究[D]. 四川大学，2010：94–97.

［14］保继刚，楚义芳. 旅游地理学［M］. 北京：高等教育出版社，1999：154.

国内外旅游景区游客容量管理研究综述

A Review of Visitor Management in Tourism Attractions and Destinations

文 / 徐文晴

【摘 要】

本文通过对中国期刊网（http://dlib3.cnki.net）有关游客容量文章的搜索和分析发现，近年来相关文章的数量不断增多，研究内容主要集中于对具体案例的分析，即个案研究。游客容量的概念从畜牧业衍生而来，应用于旅游的范畴内，已在包括城市旅游目的地、文化遗产景区、生态旅游区等多种类型的景区内进行了探讨和研究。西方国家对游客容量管理的研究内容比较广泛，近年来随着国外相关理论的不断引入，我国也出现了一些应用理论的实证研究。但长期以来，我国对游客管理的探讨多局限于具体对策的研究。

【关键词】

旅游景区；游客容量；容量管理

【作者简介】

徐文晴 北京大地风景景区管理有限公司培训主管

1 国内外旅游景区游客容量研究现状

本文对1983年以来中国期刊网CNKI收录的旅游容量相关文章进行整理分析，利用关键词搜索共得到213篇相关文章，其中5篇相关性较差。根据表1的统计结果，截至2015年，国内研究旅游容量的学术论文共208篇，与国内旅游业发展的现状和趋势相比，研究文献数量并不充分。但是从时间维度分析来看（见表2），有关游客容量的研究成果不断增多，自1983~1989年间仅有1篇，至2015年达到数量最多，并且呈现继续增长的趋势。2000年以前，有关旅游容量的学术成果较少，17年间在地理、环境、旅游和生态类学术期刊上共发表相关论文18篇。然而进入21世纪后，相关文献数量大幅增长，2000~2008年间，国内学术刊物发表的旅游容量研究论文数量与过去17年相比增长了3倍。更加值得一提的是，2009~2015年间，国内学者对旅游容量问题给予了前所未有的关注，这一阶段的相关论文数量达到117篇，超过此前25年的总和。这些文献成果数量的增多和增长速度的变化与国内旅游行业的发展背景不谋而合，尤其是进入21世纪以来，随着旅游业快速繁荣的步伐，各种生态问题、环境问题、社会问题日益突出，引发管理者和学者对旅游容量管理的高度重视。根据分析发表刊物的类别可以看出，旅游容量的相关论文主要发表在旅游、环境、地理和生态类学术刊物上。其中比较明显的变化是有关旅游类的期刊文献增长迅速，2009~2015年间，有接近一半的学术刊物是旅游类的。地理类学科下的旅游容量研究也是很重要的构成，论文数量在所研究的年份间一直占据较高的比例。同时，从发表文献论文的类别上也可以看出，旅游容量与地理学、环境学和生态学等多个学科之间有着紧密的联系（李琛等，2009）。

从国内旅游容量的研究内容来看，1983 年以来，旅游容量的研究重点集中在概念探讨、测度方法和个案研究三个方面（李琛等，2009），

表1 中国地理类、旅游类、环境类、生态类刊物发表的旅游容量文献统计

期刊类别	1983~1989年		1990~1999年		2000~2008年		2009~2015年		合计	
	数量	百分比（%）	数量	百分比（%）	数量	百分比（%）	数量	百分比（%）	数量	百分比（%）
地理类	0	0	4	24	32	44	20	17	56	27
环境类	1	100	6	35	23	31	12	10	42	20
旅游类	0	0	6	35	11	15	57	49	74	36
生态类	0	0	1	6	7	10	28	24	36	17
总计	1	100	17	100	73	100	117	100	208	100

数据来源：根据中国期刊网CNKI收录的文章统计而成

表2 中国地理类、旅游类、环境类、生态类刊物发表的旅游容量文献内容分析

文献分类	1983-1989年		1990-1999年		2000-2008年		2009-2015年		合计	
	数量	百分比（%）	数量	百分比（%）	数量	百分比（%）	数量	百分比（%）	数量	百分比（%）
测度方法与模型	1	100	3	18	16	22	13	11	33	16
概念与理论	0	0	5	29	25	34	13	11	43	21
调度管理	0	0	0	0	4	6	30	26	34	16
个案	0	0	9	53	28	38	61	52	98	47
总计	1	100	17	100	73	100	117	100	208	100

数据来源：根据中国期刊网CNKI收录的文章统计而成

具体见表2。自1983年以来，关于旅游容量的个案研究在发表的文献刊物成果中一直是最主要的内容，2009~2015年间占全部论文数量的52%，1983~2015年间发表的个案旅游容量研究相关文献的数量也近一半。2000~2008年间，概念探讨和测度方法研究依然是国内旅游容量研究的重点，相关文献数量在此阶段旅游容量研究文献总量中所占的比重为56%。与20世纪90年代不同的是，在此阶段，旅游容量调控管理的作用逐渐被国内学者所认识，相关的研究成果陆续出现，但数量较少，只占此阶段旅游容量研究文献总数的6%。值得一提的是，2009~2016年间，旅游容量的个案研究成为相关研究文献中最主要的内容，在论文总量中所占比重为52%，同时，关于游客容量调度管理的研究成果增长迅速，占此阶段研究文献综述的26%，而概念探讨和测度方法研究不再是此阶段国内旅游容量研究的重点。这也显示出未来旅游容量的研究方向将逐渐侧重于向调度管理方面发展，个案研究仍将是旅游容量研究的重点内容。

2 国内外研究对旅游景区游客容量的定义

早在1936年，为了帮助美国畜牧业了解其草场能够持续提供生物所需草料的数量和质量，管理者和科学家首次提出了容量（carrying capacity）的概念。1963年，拉佩芝（LaPage）最早提出游憩环境容量（recreational carrying capacity）的概念后，美国学者韦格（Wagar，1964）在其出版的《具有游憩功能的荒野地的容量》一书中指出，游憩容量是指一个游憩地区能够长期维持旅游品质的游憩使用量。随后，世界旅游组织（WTO）在1978~1979年度的工作计划报告《WTO六个地区旅游规划和区域发展的报告》中，正式提出了旅游容量的概念。米德尔顿（Middleton）和坎贝莱因（Chamberlain，1997）认为旅游容量是指在自然环境没有出现不可接受的变化以及游客体验质量没有出现不可接受的降低的情况下，旅游目的地所能容纳的最大游客量。奥莱利（O' Reilly，1986）进一步将旅游容量的概念深化，他认为旅游容量既可以显示当地居民感到旅游活动产生不良影响前的使用水平，也是旅游目的地衰退前的旅游使用水平。因斯基普（Inskeep，1991）也指出旅游容量是反映旅游业接待能力和环境承受能力的指标。游客容量包括自然环境容量、经济容量和社会容量三个方面的内容。在此基础上，WTO/UNEP（1992）将其定义为能够产生高质量的游客体验和很少的资源环境影响时，一个旅游目的地的旅游使用水平。早在旅游容量概念提出之后，斯坦基（Stankey）和利姆（Lime，1979）就指出，旅游容量是由管理目标、游客态度以及对资源的游憩影响这三个独立而又内在联系的部分所组成的。在此之前，管理目标始终没有成为研究重点，直到1985年斯坦基等人系统地提出了"可接受改变的极限"理论（Limits of Acceptable Change，LAC）。刘扬和高峻（2006）对国外

表3 1995~2005 年旅游容量（TCC）英文文献（核心期刊收录）统计

年份	理论研究	案例研究	管理框架	创新	合计
1996	-	1	-	1	2
1997	3	1	-	2	6
1998	1	1	1	-	3
1999	3	1	1	-	5
2000	1	3	-	-	4
2001	2	3	1	1	7
2002	1	3	1	-	5
2003	-	2	-	-	2
2004	-	2	-	-	2
2005	-	2	1	-	3
合计	12	19	5	5	41

资料来源：刘扬、高峻（2006），《国外旅游容量研究进展》（在 Elsevier 和EBSCO 数据库中以 tourism carrying capacity 为关键词进行检索筛选）

1995~2005年相关文献的研究分析也发现，针对旅游容量理论和案例的研究仍然是主流，而有关管理框架和创新的研究相对较少（参见表3）。

早期国内旅游容量的研究主要在于游客的数量，集中在对“旅游环境容量”和“旅游环境承载力”的讨论和探索，旅游容量即指生态容量（李琛等，2009）。随着旅游业的蓬勃发展所带来的过度开发，经济、社会、生态环境问题日益严重，旅游容量的概念才被人们重视，逐渐由生态环境领域扩展到经济、社会领域。20世纪80年代，许多学者对某一特定旅游目的地的环境容量进行相应的测算尝试，用以指导旅游地对游客容量进行管理和调控（赵红红，1983；刘振礼，1985；保继刚，1987）。直到20世纪末至21世纪初，一部分学者将管理水平因素的影响加入对旅游管理环境容量的定义中，指出旅游目的地管理水平的高低影响着其可容纳旅游人数的多少。20世纪90年代以来，不断有学者从目的地类型、生态学等角度对旅游容量进行定义。杨锐（1996）对风景区环境容量的概念进行了探讨；钟林生（2003）、胡炳清（1995）、孙道玮（2002）等借鉴生态学的理论对旅游环境承载力进行了研究；牛亚菲（1996）以北京市典型景区为例，对客流变化规律与变化动因进行了深入研究。与此同时，众多学者对具体案例区的旅游容量数值进行了测算研究。卢松、陆林（2005）等人以世界文化遗产西递古村落为例，提出对古村落旅游地环境容量的测算方法和注意事项；刘晓冰、保继刚（1996）通过阅读大量相关文献，总结了国内外研究旅游开发的环境影响工作中的成就；蒋宗豪（1996）对黄山风景区的旅游容量及其相关环境问题进行了研究；董巍、刘昕（2004）等人对金华市的生态旅游承载力进行了评价以及功能分区划分研究；章小平（2007）、鄢和琳（2002）以九寨沟、黄龙景区为例，完成了自然景观生态旅游区的环境容量测算。

表4 国内外关于旅游环境容量（旅游承载力）的测算及含义研究

年份	作者	研究内容	来源
1974	Wagar J A.	Recreational carrying capacity	Journal of Forestry
1986	Shelby B,Heberlen T A.	Carrying capacity in recreation settings	Carrying Capacity in Recreation Settings
1986	O ' Reilly A M .	Concepts and issues of Tourism carrying capacity	Tourism Management
1981	Stankey G H.	Integrating wild land recreation research into decision making	Recreational Research Review
1992	WTO/UNEP.	Development of national parks and protected areas for tourism	Madrid: World Tourism Organization
1983	赵红红	苏州旅游环境容量测算	城市规划
1985	刘振礼	特定区域旅游容量	旅游论坛
1987	保继刚	颐和园旅游环境容量	中国环境科学
1996	杨锐	风景区环境容量概念	城市规划汇刊
1995	胡炳清	旅游环境容量计算方法	环境科学研究
2002	孙道玮、俞穆清、田卫等	生态旅游环境承载力研究—以净月潭国家森林公园为例	东北师大学报（自然科学）
1996	牛亚菲	可持续旅游、生态旅游及实施方案	地理研究
1996	刘晓冰、保继刚	旅游开发的环境影响	地理研究
1996	蒋宗豪	黄山风景区旅游容量及其相关环境问题	农村生态环境
2004	董巍、刘昕等	金华市生态旅游承载力评价与功能分区	复旦学报（自然科学版）
2002	鄢和琳	九寨沟、黄龙环境容量确定	生态学杂志
2005	卢松、陆林、徐茗等	古村落旅游地旅游环境容量	地理研究
2007	章小平、朱忠福	九寨沟景区旅游环境容量	旅游学刊
2012	刘佳、于水仙、王佳	滨海旅游环境承载力评价与量化测度	中国人口资源与环境

从表4可以看出，我国旅游景区游客容量管理的研究主要集中于分析景区自然资源的承载能力，较少从游客环境经济价值认知视角开展对游客容量的管理研究。与之相反的是，西方学者持“以人为本”的宗旨，从游客旅游体验、游客满意度、游客消费行为等经济学视角来研究目的地、旅游区的容量问题。

图1 苏州拙政园　　图片来源：作者提供

表5 几种主要的旅游容量管理模式一览表

模式	内容
游憩承载力（RCC）	确定国家公园现有资源所能承受的游客活动影响与破坏极限值
	建立在生态、社会人文、心理以及管理方面的衡量尺度
	运用在规划、场地设计、发展与经营管理方面
游憩机会谱（ROS）	确定一个地区所能包含的设施与活动,建立多样化的游憩体验机会
	回顾与重新评价最适合遗产地的游客体验
	核心是区域内可开展的游憩活动通过对游憩区的划分管理保证游客体验品质
可接受改变的极限（LAC）	重点在于通过初期制定的理想状态对游客活动和影响进行管理
	用监测体系确定理想状态是否在可接受的标准内
	用决策程序确定采取何种管理活动达到理想状态
游客影响管理（VIM）	降低或控制威胁遗产地资源和游客体验的影响
	运用明确的管理目标描述、监测遗产地环境,建立管理政策，解决问题
	向管理者提供必要的管理游客影响的方法

3 国内外关于旅游景区游客容量管理的研究

进入20世纪80年代，国外旅游容量研究更加细化，旅游社会容量受到广泛关注，关于旅游容量的研究不再单纯地局限于对游客数量的计算和探讨。随着研究的不断深入，一部分学者放弃了对难以把握的游客数量的探讨，通过对不同类型的旅游目的地进行研究，分别制定出一系列有针对性的有关环境质量和游客体验水平的指标及管理目标，最后选择适宜的管理方案并制定相应的管理政策和方法。最早的相关成果来源于20世纪80年代中期，斯

表6 国内关于旅游景区游客容量管理的研究

年份	作者	题目	来源
1998	吴学灿	自然保护区旅游开发的生态影响	云南环境科学
2002	卞显红	城市旅游环境承载力及其旅游资源空间管理资源与环境	资源与环境
2002	孙道玮、陈田等	生态旅游环境承载力研究——以净月潭国家森林公园为例	东北师大学报（自然科学版）
2002	冯学钢	旅游容量研究: 理论、方法与实证	南京大学博士论文
2003	杨锐	LAC 理论: 解决风景区资源保护与旅游利用矛盾的新思路	中国园林
2003	保继刚、孙九霞	旅游规划的社区参与研究——以阳朔遇龙河风景旅游区为例	规划师
2003	王永洁、李伟哗、邓伟	扎龙湿地旅游资源的开发和保护	高师理科学刊
2003	杨锐	从游客环境容量到LAC理论——环境容量概念的新发展	旅游学刊
2005	陈秋华、陈贵松、李庆龙	生态旅游区环境管理体系研究	循环·整合·和谐——第二届全国复合生态与循环经济学术讨论会论文集
2006	刘亚峰、焦黎	旅游景区游客管理探讨	新疆师范大学学报（自然科学版）
2006	吴恒、孙小坷	论节庆活动的游客管理	武汉大学学报（哲学社会科学版）
2007	李敏	浅析如何把握旅游景区承载力	经济研究导刊
2007	张健华、余建辉	旅游景区游客数量调控技术的研究	技术经济
2008	李琛、成升魁、陈远生	旅游容量的环境经济学探讨	生态经济

坦基（Stankey）等人根据旅游容量“可接受的限度”和“可调控性”的本质特征，通过系统的研究分析提出的LAC（可接受改变的极限）理论。类似的理论还有游人影响管理（VIM）及游憩机会谱（ROS）、游客体验与资源保护（VERP）等理论（表5）。尽管这些理论在指标选取和具体处理过程等方面有所不同，但它们都建立了资源环境质量和游客体验质量的指标体系，都确立了最低可接受条件的标准，都开发了确保各种指标维持在特定标准内的管理措施（李娜，2008）。

西方国家对游客容量管理的研究内容比较广泛，也是我国许多学者研究的热点问题之一。但长期以来，在我国对游客管理的专门探讨目前还多局限于具体对策的研究，尤其是针对个案的探讨，而且一般在对旅游活动对环境的影响的研究之后提出（李琛等，2009）。

近年国内对游客容量管理的对策主要集中在疏导、限流两个方面。邓金阳、柯显东（1995）针对山林型景区提出，在敏感地带采取措施疏导游人，调节游人分布，将游客数量保持在环境承载力的范围之内。吴学灿（1998）指出合理确定旅游容量是实现游客管理最直接的办法。吴必虎（2001）则进一步强调因地制宜，应根据不同目的地的游客容量制定相应的管理措施，对游客实行空间上和时间上的划区引导，并从旅游者出发，对其进行生态环境意识教育。刘亚峰、焦黎（2006）提出数量管理、分流对策、队列管理等是游客管理的具体方法，并对每种办法进行具体分析和实施解读。

除此之外，许多学者也从目的地规划、市场需求等方面提出对目的地游客容量管理的要求（表6）。王永洁（2003）等认为游客管理的方式除控制游客数量之外，还需规定游客的旅游路线、旅游时间、活动范围和活动方式等。陈秋华、陈贵松、李庆龙（2005）对生态旅游景区提出从规划、经济、宣传、休养生息和环境补给角度进行控制客流量的要求。节庆活动的管理者可以通过活动前对市场需求进行预测，同时根据节庆活动相对固定的接待容量来确定与之对应的实际容量（吴恒、孙小坷，2006）。另一部分学者建议目的地充分利用科学技术手段来解决游客容量管理的问题。张健华、余建辉（2007）总结了国内外景区采用的各种游客数量调控技术，对旅游景区如何合理使用这些调控技术提出了建议。黄瑞华等提出旅游景区可以实行数字化的管理新举措，以实现景区环境容量的管理。王响雷等提出了热点控制法来解决旅游环境容量超载的问题。廖四顺（2008）以云台山为例，提出利用互联网、传真

图2 西塘古镇 图片来源：作者提供

表7 新技术在旅游承载力评价中的应用

年份	作者	研究内容	研究方法
2001	Daniel & Meitner	游客体验与资源保护	可视化研究方法
2002	Manning etc.	社会承载力指标标准化研究	条件评价法
2003	Lawson etc.	社会承载力	计算机仿真模拟方法
2009	Prato	拥挤标准的设定	模糊数学
2012	Jurado etc.	承载力指标可接受的变化阈值	多重目标函数分析数学优化模型方法

资料来源：王尔大、韦建华，2016[14]

等通信技术预测并确定游客数量，利用卫星定位和全球跟踪系统实时监控旅游景区的游客数量和空间分布情况，从而合理有序地分流游客、疏导游客，进行较高质量的旅游体验。

除上述国内有关具体对策的研究之外，近年来随着国外相关理论的不断引入，也出现了一些应用理论的实证研究，例如沈海琴（2013）以上述ROS、LAC、VERP三个理论为例，对美国国家公园游客体验的指标进行评述。杨锐（2003）对环境容量概念的新发展从游客环境容量到LAC理论进行阐述，并且在泰山、三江并流、黄山等旅游规划中对LAC理论进行应用（杨锐等，2003）。

然而，由于游客容量的内涵不断外延，目前尚未有一种办法能够实现对景区游客容量进行全面的评价（王尔大，2016）。游客容量是个多学科交叉的概念，对景区游客容量进行评价和管理，势必会涉及自然科学和社会科学等多个研究领域，必须将这些理论结合起来展开讨论（表7）。这导致在游客容量的测算和管理中，容易忽视其他属性之间的影响或作用。例如，不同景点的拥挤程度对游客体验造成的影响会不同。如若单纯通过向游客出示不同拥挤度水平图片的方式让游客决定其可接受的拥挤水平，而忽略游客对于不同景点的感知效果或游客自身不同的体验效用，那么这种对景区容量的评价方法会造成很大的偏差，因而会对管理产生较大的负面作用，甚至是提供完全错误的信息。很多国外学者已经认识到游客容量评价指标在测量过程中会受到各种随机因素的影响（Prato，2009）。为了最大限度地减少容量测算“不可接受”的状态，进入21世纪以来，学者们对容量的评价体系及测算方法进行了很多探索。王尔大和韦建华（2015）在针对国家森林公园游憩承载力的评价方法与管理案例的研究中，对国外学者在新技术方法的探索上进行了总结。

21世纪以来，国内学者就游客容量的评价体系和测算方法也进行了研究和探索，尤以定量研究方法为主。国内学者们亦发现对游客容量的测算不能局限于单一片面的环境属性，孙道玮等（2002）通过限制性因子模型对不同时间的生态环境承载力进行划分和测算。章小平和朱忠富（2007）更是将静态模型和木桶原理相结合，从不同的视角对九寨沟景区的游客心理容量、综合环境容量、最佳容量等环境容量指标进行了测算。在此基础上，董成森等（2008）也运用这种研究方法确定了张家界森林公园的最佳旅游环境容量和旅游资源空间承载力。2012年，刘佳等以山东半岛蓝色经济区内的旅游城市为案例，运用层次分析法对滨海城市的环境承载力进行了评价与量化测度研究。

国内外关于游客容量的测算和评价大多停留在理论研究阶段，对于在管理上的应用仍需规范和提高可操作性。此外，国内近年来对游客容量的研究主要集中在运用数学公式、计算模型等方式对游客所需占用的土地面积或其他环境资源的数量指标进行静态测算，与西方学者已经开展的游客容量对当地社会影响方面的研究尚有较大的差距（王尔大等，2015）。未来关于景区游客容量的研究需要从动态的角度，结合各种环境变化条件，综合旅游环境的各方面属性，不仅关注容量数值，更要注重对游客体验和感知的挖掘和分析，从而反馈于景区管理者和服务者，这将对容量管理起到一定的积极作用。

参考文献

[1] Mccool S F, Limed W. Tourism carrying capacity: tempting fantasy or useful reality?［J］. Journal of Sustainable Tourism, 2001, 9（5）: 372–388.

[2] Carey D I. Development based on carrying capacity: A strategy forenvironmental protection［J］. Global Environmental Change, 1993, 3: 140–148.

[3] Barkham J P. Recreational carrying capacity: A problem of perception［J］. Area, 1973, 5（3）: 218–222.

[4] Inskeep E. Tourism planning: An integrated and sustainable development approach［M］. New York: Van Nostrand Reinhold, 1991.

[5] WTO. Risks of saturation of tourist carrying capacity overload in holiday destinations［Z］. Madrid: World Tourism Organization, 1983.

[6] Mathieson A, Wall G. Tourism: economic, physical and social impacts［M］. Harlow: Longman, 1982.

[7] 楚义芳，朱玉. 旅游的空间经济分析［M］. 西安：陕西人民出版社，1992，68–95.

[8] 崔凤军，杨永慎. 泰山旅游环境承载力及其时空分异特征与利用强度研究［J］. 地理研究，1997，4：47–55.

[9] 崔凤军，刘家明. 旅游环境承载力理论及其实践意义［J］. 地理科学进展，1998，1：86–91.

[10] 董成森，熊鹰，覃鑫浩. 张家界国家森林公园旅游资源空间承载力［J］. 系统工程，2008，26（10），90–94.

[11] 刘玲. 旅游环境承载力研究方法初探［J］. 安徽师大学报（自然科学版），1998，3：250–254.

[12] 邓金阳，柯显东. 论森林旅游的生态影响及对策［J］. 湖南林业科技，1995，2：33–36.

[13] 吴必虎. 区域旅游规划原理［M］. 北京：中国旅游出版社，2001：496–507.

[14] 王尔大，韦建华. 国家森林公园游憩承载力评价方法与管理案例研究［M］. 北京：科学出版社，2016.

[15] 钟林生，赵士洞，向宝惠. 生态旅游规划原理与方法［M］. 北京：化学工业出版社，2003，89–153.

欧洲四家博物馆的容量管理与游客互动经验

Carrying Capacity and Tourist Interaction: A Case Study of Four European Museums

文 / 苏 睿

【摘 要】

容量管理这个概念，无论从自然容量还是社会容量，大部分仅运用在景区和旅游目的地管理，而专门针对博物馆容量却缺少实际管理案例。本文仅根据作者2014~2016年的参观经验、相关博物馆报告和其他在线资料，浅析英国、法国、荷兰和德国四个国家的博物馆如何通过对空间容量、游客体验、社区教育、展览内容和社交媒体等渠道进行容量管理的经验和实例。

【关键词】

国外博物馆；容量管理；社区教育；游客体验；社交媒体

【作者简介】

苏　睿　英国米德萨克斯大学讲师

注：本文图片均由作者提供。

1 英国泰特现代艺术馆(Tate Modern)

泰特现代艺术馆于1897年开馆，当时只展出一小部分英国艺术作品。如今的泰特发展为四个部分，泰特不列颠(Tate Britain)、泰特现代(Tate Modern)、泰特利物浦(Tate Liverpool)和泰特圣艾夫斯(Tate St. Ives)，主要展出从公元1500年至今约7万件英国艺术和国际现当代艺术作品(图1)。

泰特现代1995年聘请瑞士设计师雅克·赫尔佐格(Jacques Herzog)和皮埃尔·德梅隆(Pierre de Meuron)，将泰晤士河边的老发电站改建为现代艺术馆，同时最大限度保留老建筑的风格。作为英国三大旅游景点之一，泰特现代自2000年5月开馆以来，已有超过4000万人参观，2014~2015年度更吸引了5702374位游客，给伦敦带来超过1亿英镑的经济效益[1]。其中法国野兽派画家亨利·马蒂斯(Henri Matisse)的作品“The Cut-Outs”成为泰特历史上最受欢迎的展览，吸引了超过56万人次参观[2]。

泰特现代原计划可容纳200万游客，而如今500万的年访问量给已有的设施和内部管理都带来了极大的压力[3]。为了展出更多的艺术作品和展系，很多展馆及内部空间都需要重新改造。尤其很多艺术家需要新技术支持其电影、视频、影像和表演作为其新艺术的表现形式，以达到他们对艺术的想象的追求。因此，传统艺术馆需要打破其空间限制，以应对其空间容量不足和新艺术表现形式所带来的诸多挑战。

1.1 空间扩展

为了扩大空间容量，2009年泰特现代宣布与雅克·赫尔佐格和皮埃尔·德梅隆再次联手进行升级改造工程。2016年6月17日正式对外开放的新楼(Switch House)，不只提高了整个艺术馆60%的空间使用率[4]，更完善了其他游客参观设施，方便游客欣赏到更多的展品，获得更深入的参观体验。新泰特现代将老发电站的油舱(The Tanks)作为新楼底层(Level 0)，保留其原始工业时期风格，加入21世纪建筑新元素，同时往上建10层，形成一个高64.5m的扭曲金字塔形[5]。最顶层的新露台提供360°全视角，俯瞰包括泰晤士河、圣保罗大教堂、碎片大厦和壮观的伦敦天际线。

1.2 教育和游客体验

学习教育是泰特现代的重心，体现在其决心提高公众对艺术知识的理解。2015年，泰特曾举办了由艺术家主持的教育作坊，主要面向伦敦18200名教师和学生，以及6500个学校团体。新泰特现代重新定义

图1 英国泰特现代艺术馆内部展厅

了21世纪博物馆管理学，不只把艺术家和他们的作品作为中心，更将博物馆的展览、学习和社会功能融为一体，加强了博物馆、社区和城市之间的联系[6]（图2、图3）。

新楼主要展出现场互动艺术、表演和电影作品。游客通过参观这些世界级的艺术作品，不仅可以重塑对艺术世界的认知，而且还可以通过作品互动，创造出新的艺术体验（图4）。

1.3 社交媒体

泰特现代的容量管理还体现在其广受欢迎的在线社交媒体渠道。

首先，泰特现代官方网站访问量以每年4%的幅度增长。2014~2015年度达到1340万人次，其中30%的访客通过网站查阅相关的展览信息并且计划参观路线，而剩余的70%则是为了研究展系。为了让更多的观众方便地浏览网站和在线展系，泰特现代不断对其网站进行更新设计，并对导航内容进行改进，其中“世界泰特”系列更是被下载超过10万次。泰特通过与可汗学院（Khan Academy）合作，更是将其研究和视频内容向全世界超过1000万观众开放[7]。

其次，遗产彩票基金（Heritage Lottery Fund）对“泰特档案”（Tate Archive）这个最重要的数字项目资助了2000万英镑，旨在数字化52000件英国艺术作品，这也是目前世界上英国艺术档案最多、欧洲数字艺术和档案资源最全面的项目之一[8]。

第三，泰特现代在推特（Twitter）上拥有超过140万追随者，

图2 泰特现代新楼（Switch House）和社区

图3 泰特现代新楼（Switch House）顶层露台的标识：请尊重我们邻居的隐私

图4 泰特现代新楼（Switch House）游客互动区

表1 2011~2015年泰特现代游客数量

时间	2011~2012年	2012~2013年	2013~2014年	2014~2015年
游客数量（人）	4766209	5523894	4805768 *	5702374

* 涡轮大楼（Turbine Hall）在2013年5~12月期间因泰特现代扩建工程关闭，对此期间的游客数有影响

表2 2014~2015年泰特现代在线访客数量

网站名	在线访客数量（人）
Google+	1532186
Twitter*	1401645
Facebook**	725824
Instagram	167000
Tate Website	13432999

数据来源: Tate report 2014~2015

图5 法国卢浮宫外观

图6 法国卢浮宫内部设计

成为世界第三大博物馆Twitter账号。它同时还拥有超过72万脸书（Facebook）的赞和近17万照片墙（Instagram）的追踪者。值得一提的是，社交媒体的快速化和全球化大大提高了可视材料的影响力，而泰特现代作为一个拥有独特且丰富展品的艺术馆，致力于通过社交媒体让全世界的人都可以讨论艺术。例如，泰特现代邀请一些知名的Instagram博客主来参加摄影师理查德·塔特尔（Richard Tuttle）主题为“我不知道。纺织品语言的律动”（I don't know. The weave of textile language）的布展。这个活动在短时间内吸引了全世界新观众的参与，收到了超过37万个赞以及50万的在线观看[9]。

2 法国卢浮宫（The Louvre）

这个由著名建筑师贝律铭设计的金字塔于1989年开馆，2014年卢浮宫接待了近930万游客（图5、图6），其中70%来自海外，主要分布为美国（13%）、中国（6%）、意大利（5%）、英国、巴西和德国（4%）。其中174779名游客参与了6025个导览和2050个教育作坊[10]。

卢浮宫的空间容量不足给人们在参观博物馆时带来各种不便。原设计容量为450万游客的卢浮宫，25年后的年游客接待量已经接近1000万人次[11]。长时间等待和噪声污染等问题大大降低了游客对博物馆的体验满意度。于是，卢浮宫从2014年6月开始实施“金字塔计划”，旨在加强其空间管理，重新设计和装修入口和迎宾区域，将游客拉回博物馆和永久展馆中心，从而控制内外部的游客流量。这项总投资为5305万欧元的工程，除了恢复其标志性建筑——拿破仑大厅的参观区域功能，一些功能区域也被重新设计，例如售票处、衣帽间和休息区移到金字塔的最外围，在不破坏建筑完整性的前提下，保留大厅的庄严和宁静（图7）。

“金字塔计划”具体内容包括[12]：

（1）出入管理。加强金字塔入口处的出入管理，重新配置Richelieu

图7 卢浮宫标志性建筑——拿破仑大厅

和Carrousel入口处，扩大游客流量，以减少游客在外的等待时间。

（2）公共信息台。把之前比较隐蔽的信息台设置在两个较大并且容易识别的隔声支柱里。隔声区可以有效地减少热气，降低噪声污染，同时显著地改善员工在大厅和迎宾区的工作环境。

（3）标识。博物馆重新设计了标识，信息更清晰易识。大堂中央设置了视频播放装置，这样游客可以很容易找到自己在卢浮宫的位置。卢浮宫三个角的入口处有显眼的横幅，让游客可以清楚地识别其所在区域，并且能找到那些在永久展厅里的主要展品。

（4）检票系统。将之前在拿破仑大厅外围的售票窗口和自助服务机整合在一个简单的专用区域里。为了减噪，卢浮宫将此专用区域的天花板降低，同时在金字塔下方标识售票处位置。除此之外，游客还可以在大堂举办的各种活动中购票。另外博物馆还提供了会员制和语音导览租赁服务。

（5）衣帽间和行李处。整合在一个单独的区域。为了提高游客的自助性，博物馆提供了自助服务的锁柜，用来存储衣服、雨伞和小件行李。

（6）团队和个体活动的迎宾区。到2017年将大幅扩大此区域，并配备相应数量的衣帽间和休息区。

（7）零售商区。将原来分散的书店、礼品店、明信片店、儿童书店等重新整合在卢浮宫的阿利区（the Allée du Grand Louvre）。

（8）游客可以免费下载新的手机软件——“我参观的卢浮宫”，并且通过此软件进行在线购票。在卢浮宫里，方向定位系统将帮助游客找到他们附近的位置，地图上所有点的定位包括美术作品，系列展品和相关服务。

（9）多媒体宣传。2014年，卢浮宫发表了两部52分钟的纪录片，其中12部短篇电影与展系和历史有关。另外官方网站达到了1430万浏览量，其中手机和平板电脑浏览率为30%。

3 荷兰国家博物馆（Rijks-Museum）

荷兰国家博物馆（简称“荷博”）于1885年开馆，由荷兰著名建筑师皮埃尔·库贝（Pierre Cuypers）设计。在这个每年吸引着数以千万游客的博物馆里，不仅可以欣赏到荷兰美术油画代表人伦勃朗（Rembrandt）之眼，更能让游客们

图8 荷兰国家博物馆主楼

真正了解到荷兰的艺术和历史。从博物馆广场上看去，荷博更像是一个童话教堂（图8）。然而这个拥有超过125年历史的博物馆，其主楼容量不足，需要进行大量维修。2000年，荷兰政府将这一维修方案提上日程。经过一系列长时间的准备，维修工程在2004年动工，经过近10年时间，主楼在2012年完成交付使用。2013年4月，新荷博重新对外开放，其总占地面积为3万m^2，包括80个展厅，共1.2万m^2的展厅面积，1个餐厅和2个咖啡馆，300m^2商店，1.44万m^2的花园，总耗资3.75亿欧元[13]。

维修后的新荷博与时俱进，旨在成为一个可以承办各种活动的现代新型博物馆。除了向更多的美术历史爱好者们展出其华丽的艺术作品和历史展系，更符合现代化的设计，其年游客量从1990年的90~130万人次扩充至150~200万人次。据统计，2013年荷博总共接待了220万名游客，2014年达到245万人次。2013年和2014年，荷博连续被评为荷兰访问量最多的博物馆，是访问量世界排名第19位的艺术博物馆。

3.1 外部建筑维修

因为对建筑纯粹的见解以及精湛的建筑解决方案能力，荷兰政府首席建筑师选中两位来自西班牙塞维利亚的建筑设计师安东尼奥·克鲁斯（Antonio Cruz）和安东尼奥·奥蒂兹（Antonio Ortiz），主要负责荷博的外部建筑维修。其中最引人注目的是两个在战后时期加上去的内庭被打开，中庭则巧妙地设计成由自行车道连接博物馆的两侧。

做为荷博的新展厅，亚洲厅主要展出了一小部分专属于亚洲风格的精美展系。这个临水的亚洲厅，其石头和玻璃外观与主楼的红砖形成鲜明对比[14]。在亚洲厅对面的公园里，分布着原设计师库贝的别墅和一个美术学校。为便于行人从地下通道进入博物馆，西班牙设计师们巧妙地在两者间建立了一个新楼，作为新荷博的服务入口处。

图9 荷兰国家博物馆内部设计

图10 德国梅赛德斯—奔驰博物馆外观

图11 梅赛德斯—奔驰博物馆内部的时间轴

图12 梅赛德斯—奔驰博物馆顶层展厅

图13 梅赛德斯—奔驰博物馆安全主题展

3.2 内部设计

曾以卢浮宫室内设计闻名的巴黎博物馆设计师让-米歇尔·维尔莫特（Jean-Michel Wilmotte），主要负责荷博的内部装饰，比如将展示柜、装饰照明以及踢脚板重新设计，使其与主楼独特的建筑风格自然地融合在一起（图9）。另外维尔莫特受原荷博设计师库克的调色板启发，在与西班牙建筑设计师克鲁斯和奥蒂兹咨询后，决定新荷博内部的调色方案以灰色调为主，以体现过去与现在的和谐统一。

3.3 展览布置

作为镇馆之宝，伦勃朗的“夜巡”（The Night Watch）依然保留其原来在大楼中心的位置。游客在新荷博可以看到有关从中世纪至今的美术和历史的全貌，包括近8000幅油画和历史文物，特别是体现800年荷兰历史光辉灿烂的艺术展品。整个新荷博的收藏，包括绘画、印刷品和图片在内，共约100万件。游客如果走完全部80个展厅，其距离大约为1.5km。

4 德国梅赛德斯-奔驰博物馆（Mercedes-Benz Museum）

4.1 空间设计

梅赛德斯—奔驰博物馆是世界上唯一记录130年汽车业历史的博物馆，坐落于德国城市斯图加特，占地165000m^2，9层的空间里共展出160辆车以及其他1500件展品（图10）。

博物馆由三家建筑公司参与设计和建造。本·柏克（Ben van Berkel）和卡罗琳·柏斯（Caroline Bos）的工作室（UNStudio）主要负责博物馆的设计。汉斯·君特·梅尔茨（HG Merz）和戴姆勒·克莱斯勒（Daimler Chrysler AG）共同合作设计博物馆概念和细节。Dailmer Chrysler Immobilien GmbH作为博物馆的总承包人负责博物馆的总体建设。

UNStudio最初起草的博物馆由3个看似简单的几何图形循环旋转组成。外壳使用现在汽车行业使用的材料——铝和玻璃。明亮的抛光铝镶板看上去像交织的飘带，而镶嵌在里面的暗系玻璃则像神秘的条纹[15]。其

图14 梅赛德斯—奔驰博物馆传奇展系

图15 梅赛德斯—奔驰博物馆品牌展系

建筑风格结合了优雅的外观与独特的双螺旋结构，尤其是挑高33m的天花板没有任何支撑，以及其180°三角窗都成为奔驰博物馆的吸睛之笔。

4.2 参观路线和游客容量管理

梅赛德斯—奔驰博物馆2015年一共吸引了772750名游客，较2014年多了61420人，增幅达8.6%。博物馆的游客来自170个国家，中国游客作为最大访问群体占9%，其他游客群体分别来自美国、法国、瑞士、意大利、俄罗斯、西班牙、印度、波兰和日本。国际游客的数量在2015年7月达到最高峰，其中超过55%来自海外[16]。为此，博物馆提供11种语言支持的导览。

值得一提的是，22%的游客会回访奔驰博物馆，主要参观新展以及特展。2015年超过20万名游客参观了"C111-永恒和幻想"（"C111-timeless and visionary"）特展以及其他展品。在C111系列成功后，2015年12月又开放了安全车展，持续到2016年4月。2016年5月19日至11月6日，博物馆推出了奔驰E系列的特展。除了15个特展之外，游客还可以参与其他活动，比如Bonhams经典车展和开放影院，吸引了近1万名游客。

梅赛德斯—奔驰博物馆独特的参观路线有效地分流了游客，不仅解决了高峰期游客容量管理问题，更让游客在博物馆内拥有多元化的体验。其参观路线的设计将整个9层楼从上而下以时间轴为准，展示了从汽车产业的发明到现代社会发展的整个历史（图11~图15）。游客首先坐电梯最先到达顶层，时间回溯到1886年，从那里开始分两条参观动线。第一条动线包括参观7个讲述奔驰品牌年代史的传奇展厅，第二条动线将一些有收藏价值的车陈列在5个不同的展厅，每个主题展厅系统地阐述其多元化的品牌发展和相关展系。游客可以任意变换参观路线。游客无论选择哪条路线，最后都会在名为"银色转弯——速度和记录"的斜道结束参观。另外整个博物馆不光展览日常生活中的奔驰，并且还展出未来汽车行业的其他相关主题[17]。

4.3 教育

超过11万3千名青少年参观了博物馆，这其中大部分包括学生的田野考察活动，以及1544个针对海外学生的交流项目及课程。博物馆还举办各种夏令营、设计展以及生日宴会等活动，旨在提高孩子们对博物馆的参与度。

4.4 社交媒体

社交媒体上博物馆爱好者数量的增长一定程度上也体现了博物馆的与时俱进。梅赛德斯—奔驰博物馆在脸书上的追踪者首次超过40万，同时Instagram上也有超过10万人追踪。尤其是"周一博物馆"系列的在线视频取得了巨大成功，2015年获得了"在线交流德国奖"以及2016年"年度多媒体银奖"，此系列从2016年1月25日起陆续更新了10集。

5 结语

随着旅游业的发展，游客数量逐渐增加，容量管理已经成为不容忽视的问题。本文浅析了4个国外博物馆案例在容量管理上的不同经验。首先，无论这些博物馆性质如何，在资金和空间允许的条件下，它们中的大部分都首先考虑扩充其空间容量。其次，空间容量和游客体验有着密切的关系，所以很多博物馆将内部设计以及展厅布置与游客参观路线紧密结合，从而达到更好的空间规划利用，提高游客们的参观体验。第三，博物馆的主要职能还是宣传教育，所以其容量管理还包括学生和社区的参与度与互动性。最后，随着现代化的发展，科技尤其是社交媒体大大加速了信息交流，从一定程度上也扩大了博物馆的无形容量。而对无形容量的管理成为未来容量管理的主要研究课题。

参考文献

[1] Tate. History of Tate[EB/OL]. [2016-09-02]. http://www.tate.org.uk/about/who-we-are/history-of-tate#modern.

[2] Tate. Tate report 2014~2015 [EB/OL]. [2016-09-02]. http://www.tate.org.uk/download/file/fid/56701.

[3] 同[2].

[4] Tate. New building [EB/OL]. [2016-09-02]. http://www.tate.org.uk/visit/tate-modern/new-tate-modern/building.

[5] Tate. The Tanks[EB/OL]. [2016-09-02]. http://www.tate.org.uk/visit/tate-modern/tanks.

[6] Tate. The Tate Modern Project[EB/OL]. [2016-09-02]. http://www.tate.org.uk/about/projects/tate-modern-project/vision.

[7] 同[2].

[8] 同[2].

[9] 同[2].

[10] Louvre. 2014 Annual report: summary and key figures [EB/OL]. [2016-09-02]. http://www.louvre.fr/sites/default/files/rapport_activite/fichiers/PDF/louvre-2014-annual-report.pdf.

[11] 同[10].

[12] 同[10].

[13] Rijksmuseum. The renovation. Learn more about the renovation of the Rijksmuseum[EB/OL]. [2016-09-02]. https://www.rijksmuseum.nl/en/renovation/the-renovation.

[14] Rijksmuseum. Asian Pavilion[EB/OL]. [2016-09-02]. https://www.rijksmuseum.nl/en/general-information/building-and-presentation/asian-pavilion.

[15] Mercedes-Benz. The architecture of the Mercedes-Benz Museum[EB/OL]. [2016-09-02]. https://www.mercedes-benz.com/en/mercedes-benz/classic/museum/architecture/.

[16] Daimler. 2015 - The year in review: very strong increase in visitors to the Mercedes-Benz Museum[EB/OL]. [2016-09-02]. http://media.daimler.com/marsMediaSite/en/instance/ko/2015-the-year-in-review-Very-strong-increase-in-visitors-t.xhtml?oid=9919082.

[17] Mercedes-Benz. Mercedes-Benz museum-exhibition[EB/OL]. [2016-09-02]. https://www.mercedes-benz.com/en/mercedes-benz/classic/museum/exhibition/.

3

日本天龙寺

景区游客组织与管理

Organizing and Managing Visitors in Attractions and Destinations

徐晓东 / 摄

故宫博物院观众管理研究——基于时空优化和参观体验的实证分析

Visitor Management in Palace Museum: an Empirical Study Based on Time-space Optimization and Visitor Experience

文 / 徐婉玲

【摘 要】

博物馆以观众需求为中心，就其所处的外部环境和自身所拥有的内部条件来进行目标设定和管理，这是当前博物馆适应社会变革的大趋势。最近五年，故宫博物院在观众管理方面进行了大量的尝试和探索，并取得了显著的成效。本文从开放面积的空间优化、观众流量的时间优化和参观体验的优化提升三方面入手，深入剖析了故宫博物院在合理利用建筑空间、优化配置文物藏品以及尽力满足观众需求方面所实施的最优路径和方法，以期能够为全国博物馆及旅游景区观众管理提供借鉴。

【关键词】

故宫博物院；观众管理；时空优化；参观体验；实证分析

【作者简介】

徐婉玲　故宫博物院故宫学研究所副研究馆员

注：本文图片除署名外均由作者提供。

引言

博物馆是一个为社会及其发展服务的、向公众开放的非营利性常设机构，为教育、研究、欣赏的目的征集、保护、研究、传播并展出人类及人类环境的物质及非物质遗产的永久性机构，同时博物馆也是观众的公共空间和文化场所，架构起藏品与观众的桥梁是博物馆的重要职责[1]。近年来，随着生活节奏的加快，物质生活水平的提升，娱乐休闲活动的丰富，满足博物馆观众不同层次的文化需求已成为博物馆功能发展的重要方向[2]。中国博物馆的发展正处于转型升级阶段。如何定位博物馆在国家文化形象塑造和城市游憩空间体系中的功能，成为国家及地方政府决策的重要考量。

为了更好地保障广大民众的基本文化权益，2008年4月，中宣部、财政部、文化部和国家文物局联合发布《关于全国博物馆、纪念馆免费开放的通知》。截至2015年底，全国登记注册的博物馆达4692家，年参观人数总计约为7亿人次。其中，4013家博物馆向社会免费开放，占全国博物馆总数的85.5%[3]。博物馆日益融入广大民众的社会生活，成为现代文化生活的重要组成部分。如何建立博物馆与社区之间的互动关系，如何吸引公众走进博物馆展厅，如何拉近观众与文物藏品的距离，仍然是中国博物馆面临的重要问题。受全球遗产旅游和国际遗产保护的深刻影响，中国博物馆逐渐成为推动城市旅游升级转型的重要组成因素，并在改善民众社会生活方面发挥积极作用。然而，对于大部分的博物馆而言，博物馆的藏品和展览依然是博物院工作的核心。而对于大部分观众而言，他们与博物馆的藏品和展览仍然是有距离的。因此，为了减少这样的距离感，中国博物馆的管理正在尝试改变，娱乐和休闲的体验

图1 故宫　　徐晓东/摄

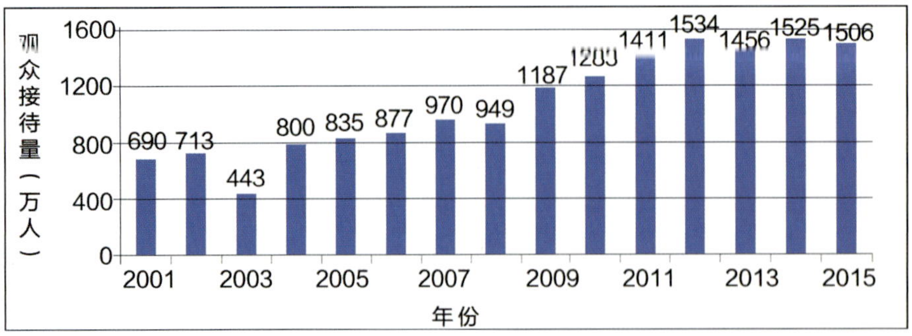

图2 2001~2015年故宫博物院观众接待量情况图

者、陈列和展览的选择，越来越受到博物馆管理者的重视。

故宫身兼全国重点文物保护单位和世界文化遗产的双重身份，故宫博物院身负国家一级博物馆和国家5A级旅游景区的双重责任，如何有效地保护世界文化遗产，又最大程度地满足观众的需求，这是故宫博物院观众管理面临的首要问题，也是故宫遗产保护的重点和难点（图1）。近年来，面对社会环境和观众需求的双重压力，故宫博物院的经营理念和管理实践正在发生翻天覆地的变化。这一切是如何发生的？其发生的原因和所产生的结果是什么？对于这些问题的思考和分析，将为解读中国博物馆管理和文化政策的转变提供一个综合案例。在展开研究分析之前，本文要对两个问题予以说明。

第一，博物馆观众的概念内涵。一般而言，博物馆服务的对象，大致可以分为两大类：一是博物馆公众，是所有关注博物馆的人的个体和群体的统称；二是博物馆观众，是博物馆环境直接体验行为人的集合体[4]。根据这一概念，博物馆观众指的是进入博物馆参观的人，博物馆环境即指为满足观众各种需求而营造的体验环境，包括由建筑和藏品所营造的参观环境以及购物、饮食和休闲等服务环境。

第二，故宫博物院观众管理的样本意义。故宫博物院成立于1925年，现隶属于中华人民共和国文化部，是保管、开放和研究故宫古建筑群及其文物藏品的专门机构。故宫遗产主要包括两部分，即故宫古建筑群和故宫博物院的文物藏品。故宫古建筑群是中国现存古代官式建筑的唯一案例和最高典范，既有深厚的历史价值，又有鲜明的艺术价值，其空间格局体现了中国传统礼制文化的规划理念，其园囿布置展示了中国古代宫廷园林的艺术成就，其建筑档案保存了中国古代营建制度和传统技艺的重要信息[5]。故宫博物院文物藏品是中国古代艺术的完美表达和系统展示，堪称中国最大的古代文化艺术宝库，是中国古代物质文明和文化艺术的物质载体和精神象征。截至2010年12月，馆藏文物总计1807558件套，其中珍贵文物1684490件套、一般文物115491件套、标本7577件套[6]。

1 问题的产生

在全球遗产旅游高速发展、博物馆免费政策以及中国文化政策等多重因素刺激下，最近10余年来，故宫博物院的全年观众接待量持续快速增长且长期居高不下，而且出现了单日观众接待量的时间分布不均衡和瞬间观众接待量的空间分布不均衡等特点，这给故宫博物院的观众管理造成一个前所未有的紧迫局面。

第一，全年观众接待量呈现持续上涨发展态势。

自1999年实行“五一”“十一”长假制度以来，故宫博物院的观众接待量迅猛上升。2000年，故宫博物院全年观众接待量首次突破700万人次，相比于1949年的100万人次，全年观众接待量增长6倍有余。自2008年正式实施博物馆免费政策以来，故宫博物院的全年观众接待量持续快速攀升，2009年达到1187万人次，首次突破1000万人次。此后全年观众接待量持续保持快速上升趋势，至2012年达到1534万人次，为历史最高纪录。2012年至今，故宫博物院全年观众接待量居高不下，一直维持在1500万人次左右（图2）。

第二，单日观众接待量出现“双针一峰”发展格局。

中国的假日旅游现象已经持续多年，故宫博物院也不例外。最近10余年来，故宫博物院单日观众接待量“双针一峰”发展格局日益凸显。所谓“双针”，是指每年“五一”和

"十一"黄金周期间，单日观众接待量暴增，在数据表中呈现明显的"两根针"现象。例如，2000年五一长假7天共接待52万人次观众，日均观众接待量为7.4万人次，其中5月2日单日观众接待量达12万人次，为历史最高峰值。2008年十一黄金周，日均观众接待量创下新高。长假7天共接待观众超过67万人次，日均观众接待量为9.6万人次，其中9月30日和10月2日单日观众接待量分别为13.6万人次和14.8万人次，连创单日观众接待量的新纪录。2012年10月2日，观众接待量高达18.2万人次，成为单日观众接待量的最高纪录。所谓"一峰"，是指每年7月中旬至8月下旬出现的暑期旅游高峰，每日观众接待人数在8~10万人次，这种现象前后持续1个多月。

第三，瞬间观众流量集中于中轴线区域。

截至2012年底前，太和殿、中和殿、保和殿、乾清宫、交泰殿、坤宁宫、文华殿、武英殿、养心殿、东西六宫以及御花园等区域构成了以中轴线为主的紫禁城宫殿建筑及原状陈列参观路线。在东西轴线上又布置了书画馆、陶瓷馆、钟表馆、珍宝馆、石鼓馆、金银器馆、玉器馆、青铜器馆以及戏曲馆等常设专馆9处。此外，在各殿两庑等建筑内还设计了清代官窑瓷器展、清宫卤簿仪仗展、清宫武备兵器展、皇朝礼乐展、天府永藏展、清代军机处史料展、清代嫔妃生活展、清代万寿庆典展、慈禧垂帘听政史料展以及溥仪生活展等专题展览10个。在参观高峰时期，中轴线区域观众流量超负荷，造成太和殿区域、乾清宫区域和御花园区域的排队拥堵等问题，其中御花园拥挤踩踏最为严重。而占地面积宽广、陈列文物品类丰富的常设专馆和专题展览，因布局分散、位置较偏等因素，观众数量较少，有的甚至门庭冷落，存在一定程度的资源利用率不高等问题。

综上所述，故宫博物院在面对全年观众接待总量的持续增长和居高不下的客观情形下，还面临观众流量时空分布的不均衡：一是单日观众接待量的时间分布不均，表现为淡旺季的明显差异和节假日的超负荷观众流量；二是瞬间观众流量的空间分布不均，表现为中轴线区域观众数量集中，而专题展览区域观众数量明显较少。珍贵脆弱的古建文物、面积有限的参观空间和基数庞大的观众流量形成一组不容忽视的矛盾体，对故宫遗产保护与博物馆管理提出了巨大挑战。在保证古建和文物安全的前提下，如何深入地发掘和利用文化遗产的价值？如何有效引导观众在有限时空范围内合理安排参观路线和内容？这一系列问题都对博物馆观众管理提出了要求。

2 应对的措施

近十余年来，故宫博物院不断尝试各种手段进行分流限流，以确保观众、文物及古建的安全，给观众提供一个井然有序的游览空间，例如增加开放面积和辟设专题展览来缓解中轴线人流密集的压力，实施淡旺季票价来调节参观人数的时间差异，等等。然而，自2009年故宫博物院全年观众接待量突破1000万人次，2012年全年观众接待量很快地突破了1500万人次，截至2015年全年观众接待量已经持续5年超过1400万人次，其中3年超过1500万人次。全年观众接待量的持续上升和居高不下，单纯地增加开放面积、调整展览布局和丰富参观路线等手段

图3 端门—午门区域服务区

已经不能适应观众流量和需求内容的变化。最近五年来，在推广“无烟故宫”、实施“周一闭馆”的基础上，故宫博物院将博物馆建筑空间的充分利用、文物藏品的优化配置和观众参观需求的合理调整相结合，科学探索故宫博物院资源配置和观众需求最优化的路径和方法。

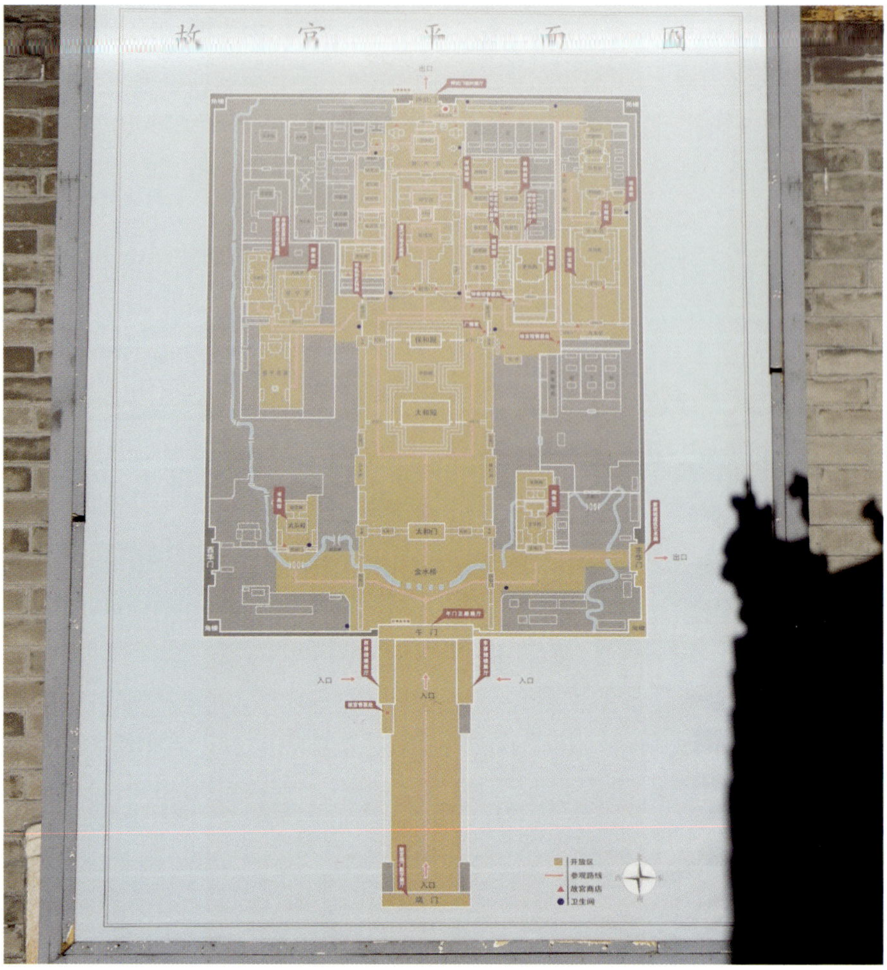

图4 故宫开放空间平面图（截至2016年10月）

2.1 基于空间优化的开放措施

2.1.1 规划入口空间

博物馆入口联结博物馆内外空间，是整个博物馆空间序列的开始，其空间规划和景观环境的好坏直接影响到观众对整个博物馆的第一印象。端门—午门区域是故宫的入口，其面临的两大问题是：如何规划广场空间以满足每天自天安门广场观看升旗仪式准备进入故宫参观的观众的休憩需求？如何设计售票安检系统以加快观众进入故宫的流畅度？围绕这两点诉求，故宫博物院分两步加以解决。

第一步，提升端门—午门区域的景观及服务。首先，全面清理端门至午门的步道环境，以树木为圆心设置树椅，为观众提供临时休憩的空间。目前，该区域设置树椅58组，每组可容纳12人，共可容纳696人。另外，道路沿线还安置路椅82组，每组可容纳3人，共可容纳246人。其次，科学划分入口区域的售票、咨询及购物等空间。其中，文创商店前设置餐桌椅33组，每组可容纳6人，共可容纳198人；观众服务中心前设置路椅27组，可容纳81人。整个端门至午门区域内，至少可以同时为1200余人提供休憩空间（图3）。

第二步，完善端门—午门区域售票安检系统。首先，午门东西两侧的16个售票窗口全部南移至端门西朝房，并增设14个售票窗口，提升售票接待能力87.5%，大幅度地缩短了观众的购票时间。其次，午门广场全部改设为检票和安检区域，设置检票通道20个，大面积地减少了入口区域的观众拥堵。一般情况下，观众3~5分钟内可以完成购票，10~15分钟内可以顺利进入故宫。

2.1.2 扩大开放面积

解决了博物馆可进入性问题之后，故宫博物院面临的第二个问题就是如何处理有限的开放空间和上升的观众需求之间的矛盾。扩大开放面积是最近十余年来故宫博物院处理故宫古建筑及其文物保护与利用关系的一项重要措施。在2002年以前，整个故宫的开放面积不足24万m^2，约占全部面积的30%，建筑开放面积约3.9万m^2，占建筑总面积近25%。

2002年，故宫博物院全面实施古建修缮工程，“合理解决文物建筑利用功能”是该工程五大要务之一。秉持博物馆公共性和开放性的特征，故宫博物院坚持“修缮一处，开放一处”的原则，不断扩大开放面积，丰富展览陈列内容，提升参观体验环境，找寻故宫古建筑的

图5 故宫博物院门票预售系统

长久保存和文物藏品的科学展示的结合点。至2012年6月，故宫博物院完成建筑修缮面积约4.7万m^2，开放面积达到33万m^2，约占全部面积的46%。至2012年底，开放面积扩大到52%。

2013年《“平安故宫”工程总体方案》获得国务院批准后，故宫博物院全面处理故宫古建筑及文物藏品开放与观众参观需求的关系。是年，文华殿区域的文渊阁和改造后的承乾宫、永和宫作为青铜器馆相继对公众开放。2015年10月，午门雁翅楼展厅改造和东华门城楼古建筑馆相继完成，形成午门—城墙—东华门城楼游览区，整体对公众开放。外西路的慈宁宫雕塑馆、佛像馆、画像馆陆续建成，与寿康宫原状陈列及慈宁宫花园形成一个区域，整体对外开放。至此，故宫开放面积达到65%。2016年10月，故宫博物院正式开放断虹桥区域，将武英殿、冰窖餐厅、慈宁宫区域连成一片，实现了西部区域南北向参观路线的畅通，预计2016年底故宫开放面积将达到76%（图4）。根据最新公布的《故宫保护总体规划》，未来故宫的开放面积将达到85%。

2.1.3 提升出口景观

御花园位于故宫中轴线的最北端，全园南北长80m，东西宽140m，总面积11200m^2。园内建筑布局紧凑，精巧别致，其间彩石铺路，奇石罗布，花木繁盛，是中国宫廷古典园林的杰出代表。作为大多数观众参观的最后一站，御花园是中轴线参观的重要节点。但在观众流量高峰时段，这里也往往都会成为最大的“堵点”，拥挤踩踏、攀爬蹲坐等状况也随之时有发生。这不仅对观众的参观体验造成严重影响，更对园内的假山叠石、古树名木等造成直接损害。

为了彻底改变御花园的状况，2014年春夏故宫博物院组织实施御花园景观提升工程，系统改造园林景观，整体治理参观环境。首先，利用开敞小空间和植物群落形式进行多重植物组景，形成常绿与半常绿植物、开花与色叶植物高低错落，竖向与横向比例得当的园林景观。第二，利用石质栏杆或绿色植物，改善石雕盆景和假山叠石等室外文物的保护形式，提升古典园林的文化氛围。第三，再现堆秀山水法景观，修复彩色鹅卵石花径，填补树坑，增设路椅，营造轻松舒适的休憩空间。通过植物组景、木板步道及栏杆防护等形式，既阻止了观众跃入花池、踩踏古树、攀爬假山、损坏盆景等行为，又解决了御花园土壤裸露、板结等问题。经过整治和改造，御花园的通道面积增加至5600m^2，为观众营造了更多的参观和休憩空间。

2.2 基于时间优化的限制措施

当建筑空间予以最大化开放后，如何进一步平衡博物馆承载量和观众客流量之间的关系？有效控制观众流量成为博物馆观众管理专业化的关键环节。门票预约制度、单日限流方案以及分时段限流策略，这些在国内外博物馆特展中已十分

图6 石渠宝笈特展全景式在线展览

普遍，如何将这些理念和方法应用到整个故宫博物院的观众管理？这是一个十分复杂且颇具挑战的系统工程，因为它不仅涉及博物馆文物展览的环境容量，还包括观众参观体验的心理容量，也关乎博物馆自身的接待能力和管理水平。最近三年，故宫博物院进行了大量的尝试，其间经历艰辛考验，但也获得显著成效。

2.2.1 推动门票预约制度

2011年9月，故宫博物院推出门票网上预购，但因宣传力度以及规定灵活性等问题，预期效果不明显。以10月2日为例，当日网上预购门票数为1.3万余张，仅占当日观众接待量（12.8万人次）的10%。通过调查研究，故宫博物院继续坚持门票预约制度，耐心培养观众预约参观的习惯。2014年9月12日至14日，故宫博物院再次试行网络预约方案及14点后门票优惠方案。三天内，网络预约各类故宫门票总数分别为1950张、4609张、5925张，总计12484张，其中14点后“特定时段优惠票”数量分别为1083张、3338张、4561张，共计8982张，占总数的七成有余。通过经济杠杆带动分流措施的成效明显，一定程度上对单日观众流量的时空分布起到了削峰填谷的作用，并培养了观众网上预约门票的意识。及至2015年6月13日故宫博物院正式试行单日限流8万人次方案后，网络预约门票数量大增，其中8月11日预约门票数量为2.4万张，约占当日的30%。自2016年暑期，故宫博物院门票预售系统每日可供预约的门票总量为6万张。截至目前，网上预约门票制度运行良好，全年日均预约门票约为4万张，暑期日均预约门票约为5万张，国庆期间日均预约门票约为6万张，分别占单日限流总人数的50%、62.5%和的75%（图5）。

2.2.2 完善单日限流方案

2008年，故宫博物院曾试行限流政策，因宣传不到位遭遇观众反对而告失败。2011年国庆期间，故宫博物院试行单日8万人次限流措施，也因到院参观流量过大而放弃，10月2日观众流量达12.8万人次。根据以往积累的经验教训，故宫博物院充分利用电视、网络、手机等媒体，反复宣传实行限流政策对于古建文物保护以及观众参观体验的重要性，引导观众错峰参观，以实现其在时间上的分流。2015年6月13日，故宫博物院再次试行单日限流8万人次政策，全面推广实名制购票，旅行社团队全部实行网上预约。至今，故宫博物院限流政策已经实施一年有余，为观众流量控制积累了相当的经验。

经过几年的探索和实践，故宫博物院观众流量的时空分布也表现出一些新的特点，例如单日限流8万

图7 故宫文创儿童体验店

人次方案有效地解决单日观众流量超负荷的问题，但因观众参观高峰时段集中于10时至13时，中轴线区域瞬间观众拥堵现象仍在一定程度上存在。为使观众获得更加舒适的参观体验，故宫博物院在2014年9月12日至14日期间试行14点以后的优惠门票方案，力图将高峰时段的观众引导到低谷时段。未来故宫博物院将进一步优化限流方案，明年初将试行分时段门票预约制度，以期合理控制各时段的观众流量。

2.2.3 启动观众动态监测系统

科学评估博物馆承载量，有效控制观众流量，是博物馆观众管理的重要课题。2011年，故宫博物院成立“故宫世界文化遗产监测中心”，全面监测古建筑群、文物藏品、观众动态等10个方面的内容，力求全面真实地反映其保存和安全状况。自2013年起，故宫世界文化遗产监测中心逐步建立观众动态监测系统。2014年完成47组监测设备、22个配电箱、服务器等设备的安装和监测平台建设，2015年增设22组监测设备。目前，观众动态监测系统已经实现对故宫开放区域主要出入口的观众的进入客流量、离开客流量的实时准确监测和统计，并对太和殿、乾清门、御花园、养心殿、宁寿宫、西六宫、文华殿、武英殿、钟表馆等观众流量集中区域实现实时监测。待经过一段时间的数据累积和信息分析，观众动态监测系统将为限流精细化分配、分时限流和动态控制观众数量提供科学的数据与决策支持。

2.3 基于参观体验的提升措施

2.3.1 展览服务人性化

陈列展览是博物馆直接面对观众的场域，这里既是历史艺术史家专注研究的焦点，也是博物馆学者戮力工作的重点，更是促进观众文化知识习得和艺术品位培养的联结点。众所周知，2015年的石渠宝笈特展使得故宫博物院名声大噪，成为博物馆管理的大事件。故宫博物院如何将一场以学术性和专业性为基础的艺术展演变成为一场全民的艺术狂欢和文化朝圣？归根结底，是通过提高博物馆服务水平来提升观众参观体验。

首先，博物馆如何将公众变成观众？(1)展品选择和展览策划。展览立足于书画精品，共计283件历代书画珍品出展。但该展览又突破精品展概念，兼具学术专业性和艺术普及性的特点。(2)明星展品的稀缺营销。以十年来首次全卷铺开陈列的北宋张择端《清明上河图》为最大营销点，配以中国十大传世名画《五牛图》、首次亮相的东晋王洵真迹《伯远帖》以及名声遐迩的展子虔《游春图》，为展览积聚关注度和吸引力。(3)新媒体技术的传播力。通过电脑、手机、微信、微博等多种即时网络工具，随时发布“石渠宝笈特展”相关文字、图片及视频等信息；再通过网络跟帖和朋友圈转发等效应，形成强大的网络传播链，为展览造势。

第二，博物馆如何拉近藏品与观众及公众的距离？按照特展的常规要求，展品说明牌、自动讲解器、志愿者以及展览图录、杂志及专著等皆提前准备就绪，展览解说系统已相当完备。后来由于观众人数突破展厅的承载量，为有效分流观众，提升服务质量，展览解说系统得到完善和突破，主要包括四项新技术解说媒介的应用：(1)展厅区域内实

图8 冰窖餐饮服务区

现免费Wifi全覆盖；(2)公众微信号及时推送多篇针对展览的知识介绍和深度解读文章；(3)二维码语音导览播放专家学者对画作的详细解说和品评；(4)全景式在线展览提供身临其境的参观体验，为排队等候的观众提供预览，也为无法到现场参观的公众提供网络参观体验（图6）。

第三，博物馆如何提升观众的参观体验？(1)博物馆馆长亲临现场答疑解惑，拉近博物馆与观众之间的距离。(2)博物馆派工作人员组织观众入场，有序排队参观，以避免观众你追我赶而造成安全隐患。(3)在等候参观的队伍沿线临时布置遮阳伞、椅子以及食品供应点，以供观众休息小憩。(4)为满足观众参观要求，展览开放至凌晨，并为观众提供水和食物。这些措施和服务虽是出于应对和平衡封闭狭小的展厅空间、稀缺脆弱的文物藏品和超过负荷的观众流量之间的矛盾，但人性化的服务不仅拉近了故宫博物院与观众的距离，而且在一定程度上提升了观众参观的仪式感和体验性。

2.3.2 文创产品体验化

博物馆文创场馆不仅是博物馆人文景观环境的重要组成部分，也关系到博物馆教育与服务功能的延伸与深化。文化创意就是深度地发掘和提炼文化资源的景观价值和文化意义，从而有效提高博物馆产品的价值和观众体验的价值。从某种意义上来说，博物馆文创场馆是观众参观体验的延续，是博物馆文化理念的普及，因此被称为“最后的展厅”。目前，故宫博物院已经完成了文化创意产业的总体布局，形成了三大产品序列：第一，文化创意专卖店，以销售文创产品为业务。第二，文化创意体验馆，以推广生活美学为宗旨。目前，故宫博物院在神武门东长房区域布局了紫禁书苑、陶瓷馆、铜器馆、木艺馆、影像馆、御窑馆、服饰馆、丝绸馆、生活馆等9家各具特色的文创体验展厅。第三，文化创意体验店，以传播文化艺术为目标。目前仅在景和门区域设立一处“故宫文创儿童体验店”，专门针对3~12岁少年儿童设计文创产品，并由专业人员指导和传授传统文化知识（图7）。截至2015年底，故宫博物院共计研发文创产品8683种，其中服饰系列1478种，丝绸系列692种，陶器系列383种，瓷器系列626种，铜器系列378种，木质系列392种，书画系列761种。

2.3.3 馆舍环境休闲化

作为一个公共文化和参观游览空间，故宫博物院的观众结构相对复杂，需求日趋多元，观众的基本需求得到充分的重视，餐饮服务逐渐成为故宫博物院经营的重点，也成为博物馆观众服务的亮点。鉴于古建保护和餐饮经营之间的矛盾，故宫博物院撤除原设于景运门和隆宗门的餐厅。但考虑到观众就餐的实际需求，故宫博物院分别就两门附近选择新址，重新规划修建餐厅。2015年，东部景运门餐厅改造提升工程完成。在确保世界文化遗产真实性和完整性的前提下，在故宫原址上复建建筑空间，注重其建筑形制、外观色彩与周边古建筑的协调和区别，并确保临时建筑的可逆性。景运门故宫餐厅，室内可同时容纳150人就餐，自开业以来，深受观众欢迎，每日翻台率高达5次。2016年11月，冰窖餐厅改造工程完成。冰窖餐厅充分利用了古建空间和周围环境，自北向南分别布置了书店、咖啡屋、餐厅，可同时容纳300名观众，是一处十分幽静雅致的休闲小憩、品茶读书空间。在冰窖外墙下，设置了一条露天长廊，观众可以在此驻足停留休息，欣赏苍松、银杏等自然景致，了解体验皇家冰窖的历史文化（图8）。

3 结语

当前，博物馆不再单纯地从博物馆内部的需要来进行目标设定，而是以观众的需求为中心，这就需要博物馆对其所处的外部环境和自身所拥有的内部条件做出分析和判断，这是施行博物馆变革策略的重要环节。

最近五年，故宫博物院始终坚持“人物并重”的观众管理原则，不断提升管理理念和方法：一方面以故宫建筑空间和文物藏品为中心，合理规划建筑空间，优化配置藏品资源，并引入科学信息技术等手段，有效调整故宫开放区域内观众流量的时空分布。另一方面，以观众参观体验为中心，通过文物展览、文创产品以及服务设施向观众展示、阐释和传播其所蕴含的历史、科学和艺术价值，使博物馆成为具有公共性的文化空间和休闲场所。

从管理的角度而言，博物馆观众容量与其管理水平、开放面积、服务设施、环境氛围等多种因素密切相关，限流和增容是应对当下故宫博物院观众流量问题的最直接有效的措施。据最新统计，2016年故宫博物院年观众接待量已经突破1600万人次，持续上升的参观流量和不断增长的文化需求将是故宫博物院观众管理面对的基本情况。在限流政策稳步实施、增容目标基本实现的前提下，如何实施观众管理的精细化、服务设施的人性化、产品设计的差异化、环境氛围的体验化，这将是故宫博物院管理面临的长期的重要课题。

参考文献

[1] 紫禁城宣言. 故宫博物院内部资料，2015年10月14日.

[2] 单霁翔. 关于新时期博物馆功能与职能的思考[J]. 中国博物馆，2010，4.

[3] 中国博物馆数量达4692家年参观人数约7亿人次[EB/OL]. [2016-05-18].http://www.nmg.xinhuanet.com/xwzx/2016-05/18/c_1118890379.htm.

[4] 史吉祥. 博物馆观众是博物馆教育研究的基本点[J]. 东南文化，2009，6: 95-99.

[5] 单霁翔. 紫禁城百年大修与“平安故宫”工程概述[J]. 建筑遗产，2016，2: 1-11.

[6] 单霁翔. 博物馆藏品架起沟通的桥梁——来自故宫博物院文物普查的报告[J]. 中国文物科学研究，2014，3: 9-21.

景区游客安全问题影响因素与游客安全管理体系建设

Tourism Safety and Security: Influential Factors and Management System

文 / 皮常玲　殷 杰　郑向敏

【摘 要】

旅游景区的游客安全管理工作的重要性与必要性显而易见。本文分析了旅游景区发展与游客安全隐患存在的显著关联性，研究了旅游景区游客安全的内涵、游客安全问题的表现形态其及诱发因素，探讨了旅游景区游客安全管理方面存在的管理主体角色缺失问题,提出了管理主体应承担的角色、任务，及旅游景区游客安全管理的路径。

【关键词】

旅游景区；游客安全；安全管理；管理路径

【作者简介】

皮常玲　华侨大学在读博士研究生

殷　杰　华侨大学在读博士研究生

郑向敏　华侨大学旅游学院教授、博士生导师，华侨大学旅游安全研究院院长

注：本文图片除标注外均由作者提供。

1 引言

随着旅游业的繁荣发展，我国旅游市场异常火爆，旅游活动已呈常态化、大众化。旅游业产业链长、涉及行业部门众多，旅游景区类型各异、环境复杂，旅游活动具有休闲性、娱乐性，游客娱乐、休闲、放松、安全意识薄弱等诸多原因致使旅游业成为全球最易受风险侵袭的行业之一[1]，旅游与风险相互交织[2]、旅游与安全事故同伴。作为旅游产业链中重要环节的旅游景区，既是旅游者的旅游目的地和重要集散地[3]，也是旅游活动的重要聚集地。旅游景区当下面临的安全问题除了景区资源安全问题外，景区游客安全问题更为显著与突出。

近年来，旅游景区游客安全问题日益凸显。2013年10月2日，九寨沟发生游客拥堵事件，数千游客滞留，甚至一度出现游客"攻占"九寨沟游客服务中心现象。2014年5月2日，15名"驴友"在没有确定的安全防护措施的情况下进入尚未开放的张家口大海坨景区，导致13人失联。2016年5月28日，广东江门台山市端芬镇凤凰峡景区受大暴雨影响突发山洪，部分游客被山洪冲走，该事故导致8人死亡，多人受伤。

旅游景区游客安全事故的发生是人员、环境、设施设备以及管理等多种因素耦合作用的结果。现实情况显示，景区类型的多样性、游客来源的广泛性、风险隐患的复杂性、安全意识的差异性等均是影响旅游景区游客安全的重要因素。基于此，本文将在分析我国旅游景区发展与游客安全隐患关联性的基础上，辨识旅游景区游客安全的内涵、游客安全问题的表现形态以及诱发因素，探讨旅游景区游客安全管理主体的角色与任务，并提出旅游景区游客安全管理路径，以期为景区游客安全管理提供借鉴与参考。

2 旅游景区发展与游客安全隐患关联性分析

2.1 我国旅游景区发展概况

近年来，随着社会经济的发展以及国家政策的推动，我国旅游业取得了繁荣发展。我国旅游景区在数量、质量、接待人数以及经济收入等方面均取得了长足发展（表1），具体主要表现在：（1）景区数量不断增长。我国旅游景区从2010年的4521家增长至2014年的7359家，年均增长率达12.55%。（2）景区质量不断提升。2007年，我国诞生66家5A级景区，2015年我国5A级景区飞涨至212家。近10年间，5A级景区数量几乎增长了3倍。这也表明我国旅游景区不仅在数量上呈现增长趋势，在质量上也有飞跃。（3）接待游客数量不断攀升。近年来，我国旅游景区接待总人数呈现增长趋势，部分热门景区游客呈现"井喷"趋势。如"十一黄金周"期间，屡屡出现"鼓浪屿要被踩沉、庐山堵得人发疯、10万游客进泰山、8万好汉登长城、18万人入故宫、23万游客进中山陵"等的"井喷"事件。大量游客涌入景区，带来了众多风险隐患，游客安全问题亟须重点关注。（4）景区收益成效显著。从旅游景区的营业收入看，旅游景区营业收入呈现增长趋势，但门票收入却呈现下降趋势，这表明旅游景区发展模式开始逐步转型，"门票经济"正逐步被取代。景区通过增设各类游乐体验项目增加收入。

2.2 景区发展与游客安全隐患的关联性

我国旅游景区飞速发展的同时也给游客安全埋下了众多隐患，具体表现在：（1）旅游景区数量增长与游客安全隐患。旅游景区在量上

表1 近年我国旅游景区发展概况

年份	旅游景区总数（家）	5A级景区数量（家）	接待总人数（亿人次）	营业收入（亿元）	门票收入（亿元）
2010	4521	76	22.43	3960.81	874.5
2011	5573	119	26.9	2658.60	1149.94
2012	6042	145	29.26	2898.93	927.06
2013	6604	175	28.89	2989.11	869.04
2014	7359	184	31.88	3158.97	755.77
2015	7951	212	37.77	3479.08	801.16

数据来源：整理自《中国旅游景区"十二五"发展报告》

呈现增长趋势，但是景区对于游客安全的防护并没有同步加强此外，旅游景区数量上的暴涨给上位主管部门进行游客安全监管、防护、应急救援等工作增加了难度。(2)景区游客“井喷”与安全隐患。旅游景区接待游客数量呈现“疯涨”趋势，众多游客往往在特定时间聚集到热门景区，形成高密集游客群体，人群聚集风险大大增加。此外，游客群体的复杂性与个体间的差异性使游客安全管理极其困难。(3)旅游景区发展模式与游客安全隐患。“门票经济”已不再是景区发展的唯一路径。景区内各类旅游体验项目的开发、运营，其相应的设施设备保障、安全操作、安全监管等还不到位。(4)景区类型与游客安全隐患。我国旅游资源丰富，景区类型多样。《风景名胜区分类标准》CJJ/T 121-2008将风景名胜区分为壁画石窟类、城市风景类、滨海海岛类、湖泊类、纪念地类、江河类、陵寝类、民俗风情类、山岳类、生物景观类、特殊地貌类等类别。谢朝武，张俊[4](2014)通过分析2006~2010年间我国302起景区突发事件发现，景区类型与突发事件存在一定关系，不同景区类型的突发事件发生比例不同。此外，董斌彬，郑向敏[5]等(2016)发现鼓浪屿犯罪的发生场所分为路面、员工宿舍、商铺、沙滩、景点、菜市场、旅馆、原住民住宅、施工现场、码头、轮渡、餐厅等12种类型。由此可见，景区类型的复杂性与景区内部空间的多样性也一定增加了游客安全隐患。

总体来看，旅游景区的发展一定程度上增加了游客安全隐患。因此，需要识别旅游景区游客安全问题的内涵、表现形态与诱发因素，明确各管理主体角色，构建景区游客安全管理体系。

3 旅游景区游客安全问题

3.1 旅游景区游客安全的内涵

安全，即一种安定、和平、稳定的状态。旅游安全是指旅游活动可以容忍的风险程度，是对旅游活动处于平衡、稳定、正常状态的一种统称，主要表现为旅游者、旅游企业和旅游资源等主体不受危险、不受外界因素干扰而免于承受身心压力、伤害或财物损失的自然状态。旅游景区安全则是指景区不受危险、不受外界因素干扰而免于承受压力、伤害或财物损失的自然状态，既涉及旅游者在景区的安全，也包括旅游景区资源、设施设备、从业人员的安全[6]。旅游景区游客安全是指游客在景区进行旅游活动过程中的个人安全，即游客在景区旅游活动过程中的人身、财物以及心理等方面处于安定稳定状态。而旅游景区游客安全问题是指涉及游客在旅游景区进行旅游活动时威胁其人身、财物以及心理等安全的问题总称。

3.2 旅游景区游客安全问题的表现形态

识别旅游景区游客安全问题的表现形态与诱发因素有助于提升旅游景区游客安全管理水平，完善游客安全管理体系。通过对景区游客安全事故进行整理分析发现，景区游客安全问题的主要表现形态如表2所示。

表2 旅游景区游客安全问题的表现形态

事件类型	表现形态	典型案例
自然灾害问题	地震、水灾、旱灾、冰雹、沙尘暴、泥石流、流沙、雷电、海啸等	2010年7月13日16时40分左右，由于天气骤变，云南昆明石林景区野外南天门景点附近发生一起自然灾害，雷击导致2名游客当场意外死亡，4名游客受伤
公共卫生问题	食物中毒、传染病疫情、游客猝死、突发疾病等	2013年7月28日，吉林某旅游团在营口鲅鱼圈山海度假村吃完饭，返回途中陆续有34人出现不同程度的腹痛、呕吐、腹泻、发烧等症状，初步诊断为急性胃肠炎或食物中毒
事故灾难问题	火灾事故、意外事故、设施设备事故、员工操作事故等	2014年12月，具有200多年历史的贵州久吉苗寨突发大火，有60余栋房屋被烧毁，619人受灾
社会安全问题	人身伤害、盗窃等刑事治安事件、踩踏、人员冲突、诈骗、恐怖袭击等	2015年8月17日，泰国曼谷市中心旅游景点四面佛附近发生炸弹袭击事件，造成至少22人死亡、123人受伤

3.2.1 自然灾害问题

自然灾害主要包括地震、水灾、旱灾、冰雹、沙尘暴、泥石流、流沙、雷电、海啸、飓风等。由于多数景区属于户外型，且位置较为偏远，水灾、大风、雷电、冰雪等自然灾害成为景区常见的自然灾害问题。游客在景区旅游活动中时常遭遇的自然灾害问题主要有：

（1）雷击。夏季气流、云层活动活跃，是雷击发生的高发时间，而山区则是雷击发生的高发地区。我国4~10月处于旅游旺季，正好处于雷击的高发时段。此外，我国多数景区位于偏远的山区，部分景点位于山顶位置，极易遭受雷击。2010年7月13日，由于天气骤变，云南昆明石林景区野外南天门景点附近出现雷击事故，事故导致2名游客死亡，4名游客受伤。

图1 珠海渔女像附近湿滑的沙石滩极易引发游客摔伤事故

（2）水灾。我国旅游旺季与我国雨季正好重叠，景区自然灾害问题中水灾尤为明显，山洪、暴雨等自然灾害严重威胁游客安全。2014年8月25日下午，由于受强降雨的影响，宁夏中卫市局部地区爆发特大山洪，在宁夏中卫寺口子风景区东景区大峡谷内2名游客被突如其来的山洪卷走并遇难，另有4名游客和3名景区工作人员被困。旅游景区自然灾害问题的发生往往是瞬时的，因此加强自然灾害的监测预警是预防的关键所在。

3.2.2 公共卫生问题

随着我国旅游景区接待人数的逐年走高，景区往往成为游客的高度集聚地。游客聚集的景区景点往往空气流通性较差，人员接触频繁，疾病容易传播，极易引发公共卫生问题，如食物中毒、传染病疫情、游客猝死、突发疾病等。

（1）食物中毒。旅游食品安全问题存在于各类型的旅游活动中，由于旅游食品安全监管难度较大，游客面临的最大食品安全问题便是食物中毒[7]。2013年7月28日，吉林某旅游团在营口鲅鱼圈山海度假村吃完饭，返回途中陆续有34人出现不同程度的腹痛、呕吐、腹泻、发烧等症状，初步诊断为急性胃肠炎或食物中毒。

（2）传染病疫情。由于旅游景区人员接触频繁，疾病容易传播，传染病疫情成为威胁景区游客安全的重点问题。2015年10月29日，深圳口岸在一名美籍旅客身上检查出基孔肯雅热病例，该旅客系一月前赴菲律宾旅游感染。

（3）游客猝死、突发疾病。由于游客在景区时，有时会从事强度较高的旅游活动，如登山、穿越、过山车等活动，这些活动极易引发游客突发疾病甚至是猝死。2012年6月14日，一名游客在黄山景区步行上山时，因病猝死。

3.2.3 事故灾难问题

事故灾难问题是旅游景区游客安全问题的典型表现形态之一，其主要有以下类型：

（1）摔伤、溺水、动物咬伤等意外事故。由于旅游活动具有异地性，游客往往对景区不熟悉，加之游客安全意识较差，这极易引发摔伤、溺水、滑倒等意外事故（图1）。此外，多数景区直接与自然环境相连，景区缺乏相关安全防护设施，野生动物等可能直接对游客造成伤害。2016年7月23日，北京八达岭野生动

图2 被焚毁后的独克宗古城

物园内，一名自驾游年轻女子不顾安全隐患私自下车，最后受到老虎袭击身亡。

（2）火灾事故。在各种突发灾害中，火灾的涉及面、频率和影响都处于比较危险的状态。我国古城古镇景区多为木结构建筑，防火措施落实不到位，且存在线路老化、用火不规范等隐患，极易发生火灾，威胁游客安全（图2）。2014年，丽江束河古镇发生火灾，致10间铺面损毁；同年，香格里拉县独克宗古城发生火灾，导致大量古建筑、文物、文化艺术品损毁，损失过亿。

（3）设施设备事故。由于景区接待游客人数众多，景区内设施设备存在过载、超负荷运作的风险。此外，景区内的支持性设施设备也构成了潜在的风险源，如电线电缆、照明灯具、扬声器等设备（图3）。一旦设施设备维护、使用不当，极易引发游客安全事故。2015年4月14日，浙江苍南鹤顶山户外拓展攀爬项目钢架意外折断，导致十多名游客受伤。

3.2.4 社会安全问题

近年来，景区游客发生的社会安全问题愈发突出。景区游客社会安全问题主要表现为：

（1）人身、财产等刑事治安事件。旅游景区游客打架斗殴、人身伤害、盗窃、抢劫等刑事治安事件屡见不鲜，此类安全问题依旧突出。

（2）踩踏事故、群体性事故。由于旅游活动的常态化与大众化，景区往往成为游客的聚集场所。特定的景区空间内聚集大量游客，极易引发踩踏事故和群体性事故。如2015年7月26日，青岛海昌极地海洋世界极地馆内聚集大量游客，游客在排队进场时，两组家庭在馆内发生摩擦扭打，导致现场秩序混乱，人流四散。

（3）恐怖袭击。近年来，恐怖袭击事件愈发活跃。由于旅游景区内聚集大量游客，一旦发生袭击事

图3 丽江古城裸露的电线

件将产生重大的社会影响，这使得游客群体往往成为恐怖袭击的对象。旅游目的地以及游客已经成为恐怖活动袭击的重要目标[8]。如2015年8月17日，泰国曼谷市中心旅游景点四面佛附近发生炸弹袭击事件，造成至少22人死亡、123人受伤。

3.3 旅游景区游客安全问题的诱发因素分析

旅游景区游客高聚集场所风险的诱发因素可以归纳为游客因素、环境因素、设施设备因素以及管理

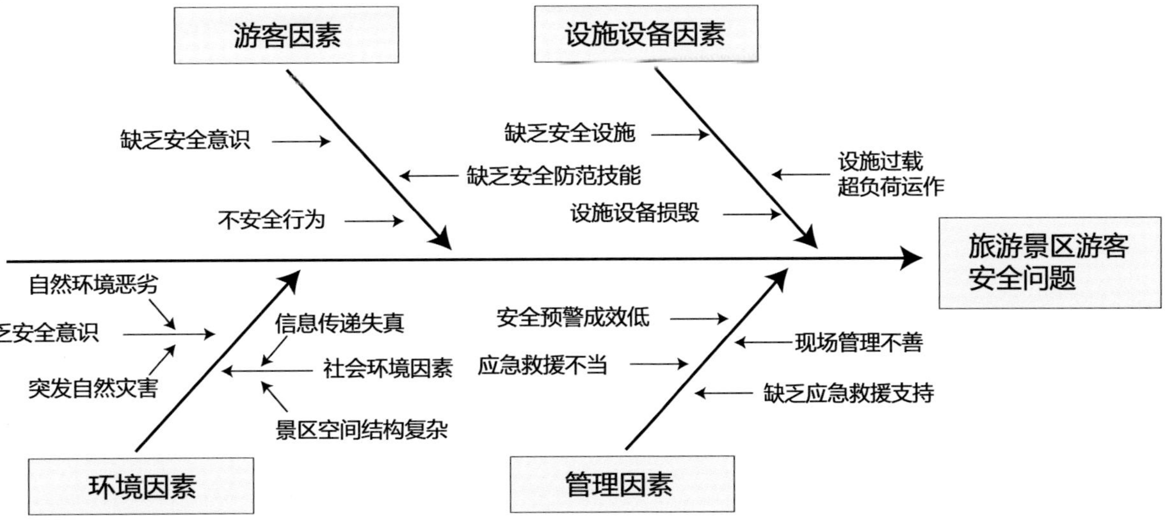

图4 旅游景区游客安全问题诱发因素鱼骨图

因素，具体如图4所示。

3.3.1 游客因素

游客自身因素是导致旅游景区游客安全问题的主要因素，主要表现在以下几个方面。首先，游客缺乏安全意识。在旅游过程中，游客往往专注于旅游活动，而忽略了旅游过程中的风险，缺乏安全意识，有些游客甚至忽视景区景点的安全警示。河南焦作云台山景区内设有多处“落石区，严禁入内”的警示牌，但部分游客视而不见，翻越警戒线拍照游玩。其次，游客存在不安全行为。游客在旅游过程中存在“为好玩”而做出的一些鲁莽行为，游客不安全行为屡禁不止。2012年4月29日，武汉动物园内一名游客扔石头逗弄大象，大象随即捡起石头回敬，将另一名游客砸伤。最后，游客缺乏安全技能。多数游客在危急时刻往往缺乏安全技能、自救逃生技能，无法及时有效应对突发风险，这也是导致安全问题发生的重要原因。

3.3.2 设施设备因素

设施设备因素也是引发游客安全问题的主要原因。旅游景区设施设备因素问题主要表现在以下几方面。第一，景区缺乏安全设施设备。部分景区安全意识较差，景区安全设施设备欠缺，如景区缺少安全围栏，或者安全围栏高度、质量等不达标。此外，景区空间的分散性以及内部空间结构的复杂性，导致上位主管部门安全监管难度较大。第二，景区设施设备过载、超负荷运作。由于景区游客人数出现“井喷”式增长，景区内设施设备往往处于过载、超负荷状态，这极易导致安全问题的出现。第三，景区设施设备损毁。部分景区存在设施设备更新维护不及时的问题，毁损的设施设备极易引发游客安全问题。

3.3.3 环境因素

环境因素也是引发旅游景区游客安全问题的主要因素，主要表现在以下两个方面。一是自然环境因素。由于旅游景区多位于野外，极易受到自然环境因素的影响。自然环境因素既包括如大雨、大风、严寒等恶劣的自然环境，也包括台风、泥石流、雷击等突发的自然灾害。二是社会环境因素。本研究所指的社会环境因素主要是指旅游景区环境，既包括景区内部的空间结构环境，也包括景区的信息环境。由于景区内部空间结构复杂，加之由于景区内聚集众多游客，容易形成信息失真环境，这些因素均容易引发游客安全问题。

3.3.4 管理因素

旅游景区管理因素也是导致游客安全问题的重要因素。首先，景区安全预警成效低。多数景区都能发现安全问题，向游客发出预警，但预警发布后却无法准确、及时传递给游客，加之景区缺乏预警成效评估机制，这导致预警成效低。无法高效预警，游客安全问题出现在所难免。其次，现场管理不当。旅游景区内出现突发事件时，由于景区管理人员应急能力、指挥能力等方面存在欠缺，这往往导致现场管理不当，以致事件恶化。再次，景区应急救援不当。景区管理人员欠缺应急救援能力与临场决策能力，以致应急救援处置不当，导致游客安全问题进一步加剧。最后，景区缺乏应急救援支持。这主要表现在景区缺乏专门的应急救援人员、缺乏应急救援资金以及缺乏科学高效的应急预案。

4 旅游景区游客安全管理的角色缺失问题

旅游景区游客安全管理是一项系统工程，需要多方主体明确分工，承担自身角色，共管共治。从目前来看，旅游景区游客安全管理存在明显的管理主体角色缺失问题，具体表现在以下几方面：

4.1 生产者：旅游景区自我管理体系不完善

旅游景区游客安全管理系统中的生产者角色由旅游景区承担，其主要为游客“生产”一个安全、稳定的旅游环境。完善的自我安全管理体系要求对自身风险因素进行系统的识别、监控、管理和处置[9]，而旅游景区作为游客安全的生产者存在着明显的角色缺失，自我管理体系不完善。在安全问题的预防预备方面，景区存在缺乏风险转移机制、安全设施储备不足等问题；在安全问题的监测预警方面，景区存在缺乏风险识别系统、安全预警成效低等问题；在应急处置方面，景区存在现场管理不善、应急处置不当等问题；在恢复重建方面，景区形象恢复与游客心理安抚等方面存在欠缺。

4.2 监管者：安全监管落实不到位

旅游景区上位主管部门安全监管落实不到位。一方面，监管模式存在缺陷。上位主管部门往往用“结果式”监管取代“过程式”监管，即只对安全工作结果进行监管，而风险识别、风险防范以及安全工作如何进行、落实则基本无人问津。另一方面，监管主体不明确。旅游景区上位管理部门十分复杂，如水利风景区归属水利部管辖，森林景区、森林公园等归属林业部管辖，风景名胜区归属住建部管辖。由于旅游景区上位管理部门复杂，事故发生后经常找不到明确的监管部门。

4.3 分解者：游客应急、保障机制缺失

在旅游景区游客安全系统中，分解者承担着安全问题分解、风险分解的重要角色，一般由第三方组织来承担分解者的角色。

一方面，分解者承担安全问题分解的角色，即旅游景区出现游客安全问题，分解者将问题分解，承担应急救援角色。由于旅游景区存在人、财、物方面的限制，其应急救援能力较差。我国迄今都没有建立体系化、专业化的旅游预警和救援机制，这给“分解”景区游客安全问题带来了极大的困难。

另一方面，分解者承担风险分解的角色，即将旅游景区游客风险进行转移，以此保障游客安全。如陕西省率先效仿旅行社责任保险统保示范项目，推出陕西省A级景区安全生产责任保险统保示范项目，保障范围涵盖山体滑落、水域、高风险活动、食品安全等，还将景区工作人员纳入了保障范围；引进了第三方调解处理模式，增加事故调解处理及事故鉴定委员会，灵活处理景区风险事故；增加了无责救援费用保险及无过错责任保险两种附加险，紧贴景区实际需求，使保障更加全面。保险保障机制是转移旅游景区游客风险、提升安全保障质量、增强安全保障力度的重要举措。可惜的是，A级景区安全生产责任保险统保示范项目仅在陕西4个A级景区推行，并未进行全面推广。

5 旅游景区游客安全管理体系构建

管理角色缺失是我国旅游景区构建游客安全管理体系的最大障碍。因此，解决问题的关键在于明确各管理主体的角色，明确各管理主体在景区安全管理各阶段所承担的责任以及该落实的行动。基于此，本研究构建了如图5所示的旅游景区游客安全管理路径图。

5.1 旅游景区游客安全管理主体角色划分

由于旅游景区游客安全管理涉及多个主体，因此需要其进行角色划分，各司其职，推进系统高效运转。首先，在游客整个景区旅游过程中，旅游景区均应承担生产者的角色；而游客则承担消费者的角色，消费并利用生产者生产的安全旅游环境（图6）。其次，旅游景区上

位管理部门承担监管者的角色。虽然不同类型景区的上位管理部门不同，但其均应对旅游景区形成有效监管，辅助和监管其承担生产者的角色。最后，保险公司、救援单位等第三方机构承担分解者的角色。顾名思义，分解者的主要职责是协助生产者和监管者转移风险，协助其“生产”安全的旅游环境。如保险公司承担风险分解者的角色，公共救援、民间公益救援以及商业救援等救援力量承担安全事故分解者的角色。

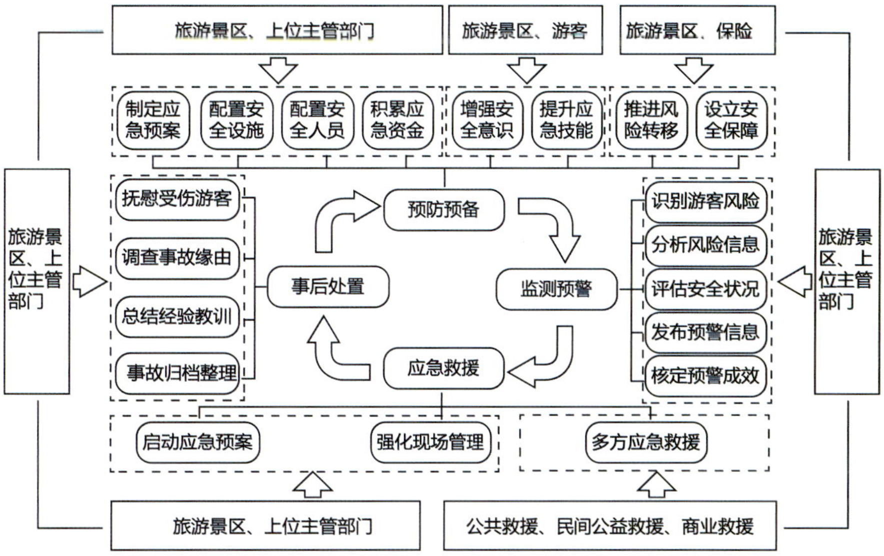

图5 旅游景区游客安全管理路径

图6 西塘

徐露萍/摄

图7 颐和园游人众多 徐晓东/摄

5.2 旅游景区游客安全管理路径

旅游景区游客安全管理是一个复杂的系统，主要分为安全问题的预防预备阶段、风险隐患的监测预警阶段、安全事故的应急救援阶段以及安全事故的事后处置阶段。而安全问题的预防以及风险隐患的监测是旅游景区游客安全管理体系的重点。

（1）安全问题的预防预备阶段。此阶段需要完成三项管理工作。一是旅游景区制定应急预案、配置安全设施、配备安全人员以及积累应急资金，上位主管部门采用“过程式”监管模式对旅游景区的相关工作重点监管，检查工作落实情况。二是旅游景区应增强内部工作人员以及游客的安全意识，规范其安全行为，提升其应急技能。三是旅游景区应积极联合保险机构，通过景区责任保险、意外险等形式将景区游客风险转移、建立安全保障机制。

（2）风险隐患的监测预警阶段。此阶段的管理主体是旅游景区。旅游景区在上位主管部门以及气象、地质等部门的协助下，做好游客风险识别、风险信息分析、景区安全状况评估、预警信息联合发布以及预警成效评估等工作。值得注意的是，景区不仅要联合其他部门共同发布预警信息，还要对预警成效进行监督评估，确保预警信息高效传达给受众（图7）。

（3）安全事故的应急救援阶段。此阶段需要多方管理主体的共同参与。当出现游客安全事故时，旅游景区、上位主管部门应及时启动应急预案，强化现场管理，及时控制事态。如发生严重事故，应及时邀请公共救援、民间公益救援以及商业救援等救援力量的介入，确保应急救援及时、得当。

（4）安全事故的事后处置阶段。此阶段的管理任务由旅游景区和上位主管部门承担。旅游景区要及时安抚受伤游客，第一时间调查取证，探究事故缘由。事后进行经验教训总结，并将事故案例整理归档，形成案例数据库，为及时调整应急预案提供借鉴与参考。

安全是游客从事旅游活动过程中的最基本需要，也是旅游景区安全管理的最终诉求。充分识别旅游景区游客安全问题的表现形态与诱发因素，明确旅游景区游客安全管理的角色缺失、辨明管理主体的管理权责有助于构建科学高效的旅游景区游客安全管理体系。此外，各旅游景区应立足于本地区、本景区的游客安全问题，针对性提出适合自身的游客安全管理体系。

基金项目

本研究受国家社科基金《游客高聚集场所风险防范与安全防控研究》（15BGL119）资助

参考文献

［1］Ritchie, B. W. . Chaos, crises and disasters: a strategic approach to crisis management in the tourism industry［J］. Tourism Management, 2004, 25（6）: 669–683.

［2］March, R., Woodside, A. G. Tourism behaviour: travellers' decisions and actions［M］. Oxon, UK: CABI, 2005.

［3］邹永广，郑向敏. 旅游景区安全评价模型及实证研究［J］. 中国安全科学学报，2011，21（03）: 156–162.

［4］谢朝武，张俊. 时空因素与我国旅游突发事件的关联影响——基于最优尺度分析［J］. 经济管理，2014，36（03）: 126–134.

［5］董斌彬，郑向敏，谢朝武. 旅游型海岛的犯罪现象：鼓浪屿案例研究［J］. 旅游学刊，2016，31（04）: 118–126.

［6］同［3］.

［7］林国建. 旅游团队供餐卫生安全风险评估及管理探讨［J］. 中国农村卫生事业管理，2013，33（7）: 775 – 777.

［8］Paraskevas, A. and B. Arendell. A strategic framework for terrorism prevention and mitigation in tourism destinations［J］. Tourism Management, 2007, 28（6）: 1560 – 1573.

［9］谢朝武. 我国高风险旅游项目的安全管理体系研究［J］. 人文地理，2011（02）: 133 – 138.

旅游景区游客组织经验谈：一位景区管理公司CEO的视角

Organizing Visitors in Tourism Attractions: The Perspective from a Practitioner

文 / 徐 挺

【摘 要】

根据景区发展需求，从游客组织方面进行分析研究，进行游客组织的解析和论述，提出景区游客管理方面存在的三个问题，以及解决这些问题的六个对策。作为景区管理公司的实践经验之谈，对各地景区的游客管理具有一定的指导作用。

【关键词】

旅游景区；游客组织；游客行为管理；游客安全管理

【作者简介】

徐 挺 蜗牛（北京）景区管理有限公司董事长，北京第二外国语学院兼职教授

1 景区游客组织概述

游客组织，指景区经营者以游客为组织对象，对游客在景区内活动全过程的组织管理，以保证景区的旅游活动能长期稳定地发展。游客组织是景区招徕、组织、接待、服务的重要前提，也是国家级旅游景区或度假区评定标准的重要组成部分。国内许多景区在游客组织方面存在不足，导致车流、客流拥堵、滞留，甚至发生危险，给游客游览带来极大的安全隐患。制定科学合理的游客组织方案，才能从根本上提升景区服务质量，提高游客满意度。

游客组织是现代旅游活动的必要条件，是发展旅游业的命脉和旅游生产力的重要组成部分[1]。大多游客组织研究主要关心游客的数量，由此进行的研究形成了旅游环境容量理论[2]。该理论主要考虑的是旅游地适合游客人数，很少具体考虑游客的等待、排队、行为方式等问题给游客带来的负面体验和给景区环境带来的负面影响。

近年相关研究提出旅游管理环境容量的概念，将管理水平因素对容量的影响考虑进去，作为改进了的旅游环境容量概念，认识到在一定限度内旅游地管理水平越高，其可容纳旅游人数就越大。因此，游客管理水平的高低也影响着旅游环境容量的高低[3]。

游客组织是指游客游览景区及参与活动的组织方式，对景区产品、商业布局具有较大影响。游客组织影响因素包括进出口、游步道、休憩空间、游客中心、产品设置、商业布局等。从景区管理角度看，游客组织涉及景区游客行为管理、景区游客安全管理、景区游客服务管理等不同领域。

（1）景区游客行为管理。游客不文明旅游行为，是游客在景区游览过程中有可能损害景区环境和景观质量的行为。它主要表现为两大类：一类是游客在景区游览过程中随意丢弃各种废弃物的行为；另一类是游客在游览过程中不遵守旅游景区有关游览规定的违章活动行为。

（2）景区游客安全管理。旅游安全是旅游者最基本的需求，也是旅游业发展的保障，被称为旅游业发展的生命线。近些年，随着旅游活动的升温，特别是在我国实行双休日和延长“十一”假期形成黄金周以来，旅游安全问题更加突出。“没有安全就没有旅游”，旅游管理部门在保障旅游者出行安全方面负有管理、监督责任，但旅游安全形势仍十分严峻，还需要更多的努力。

（3）景区游客服务管理。随着游客自我保护意识的不断增强和媒体的宣传报道，游客对旅游景区的期望值也越来越高。游客的投诉对于景区管理来说是一种信任，是一种管理体制的反馈，通过投诉才可以发现其存在的不足。景区妥善处理可以使原有工作失误造成的负面影响减少到最小，若能高效合理地处理游客的投诉，那么就会重新赢得游客的信任和满意度。

2 面向游客组织的景区交通组织

交通组织是景区招徕、接待游客的重要前提，主要包括路、站、场、车、标牌、信息、管理等七个方面。

（1）道路。主要指由目的地通

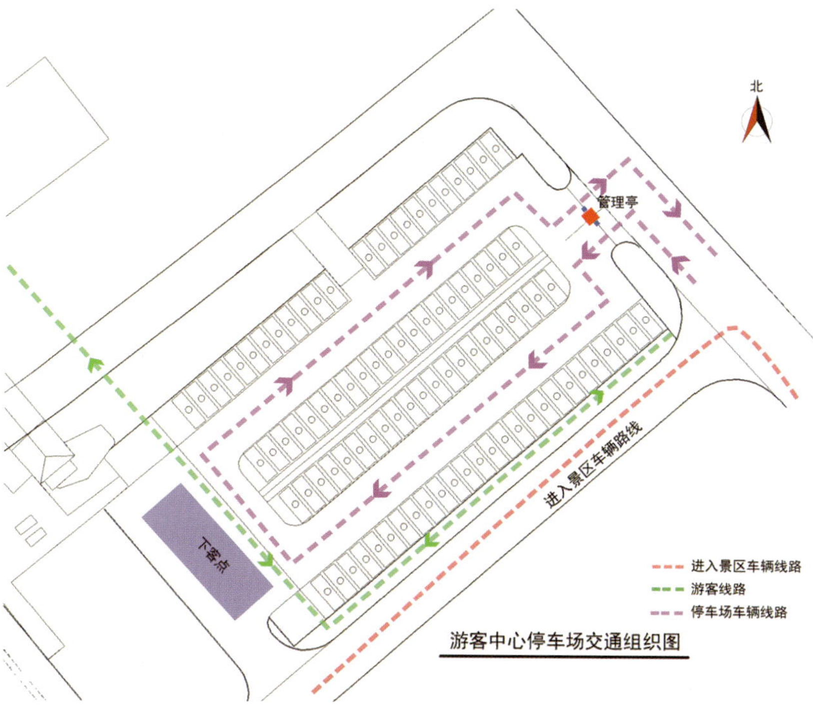

图1 海螺沟游客中心交通组织图

图片来源：蜗牛（北京）景区管理有限公司

图2 巢湖半汤郁金香高地骑行道路　　图片来源：由半汤国际温泉养生度假区提供

往景区的多级道路系统，包括高速公路、国道、省道、县道及乡村道路。

(2)站点。主要指由“客源地—目的地—景区”多级公共交通服务站点的连接，从而实现游客的抵离，包括机场、火车站(高铁站)、客运站、地铁站、轻轨站、公交站、骑行驿站、码头等。

(3)停车场。主要是旅游目的地或旅游景区停车场、区间换乘等景区内部交通组织配套设施服务体系。停车场一般临近游客中心，是景区重要的交通组织、换乘地所在。根据国家A级旅游景区评定标准，要求停车场地面生态化、管理规范、人车分流、标识清晰、引导明确，且配备自行车、电动车停放和洗车、加水、充电、贵重物品寄存等服务(图1)。

(4)车辆。主要指客源地至景区所有的交通工具，包括火车、汽车、轮船、出租车、大巴车等。根据国家A级旅游景区评定标准，要具有抵达景区的公共交通，包括定时定点的汽车、游船、火车专线，以及现有的自行车、微公交等交通工具(图2)。

(5)标识。即景区指引系统，主要包括一级标识(客源地至目的地)、二级标识(目的地至景区)、三级标识(景区内部)，从而形成完整的景区指引体系。

(6)信息。是指对景区信息的收集、处理、发布等进行综合管理，包括天气、客流、温度、湿度、节庆活动、演绎、优惠、车辆调度等。

(7)综合管理。是指对于整体景区交通的统一调度和管理，包括停车场、换乘站、景区车辆、物资调配、疏导人员等。

3 旅游景区游客管理面临的问题

3.1 游客对旅游资源的潜在破坏

旅游资源对于景区而言，是景区得以存在的基础。对于碑碣来说，有来自污染的破坏、交通震动的影响；对艺术品或文物来说，有游客呼气的影响等。在某些特殊景区，喀斯特溶洞等，对其环境和文物保护等产生负面影响的直接因素主要是二氧化碳、细菌含量的增多，而这种情况是与游人数量是相关的。

3.2 旺季时游客拥挤的问题

由于旅游者骤增，突破景区的承载能力，可能产生对旅游资源、生态环境、景区设施的破坏性影响。在几个旅游黄金周期间，许多热点旅游景区的客流都大大突破了景区的最佳接待量，有些地区甚至超过了最大接待量。假日旅游时间短、节奏快、人数多、消费大的现象，导致景区景点以及旅游线超负荷承载，以致景区管理、配套服务失控，个别地区出现了对自然生态环境以及公共设施的人为破坏。旺季旅游客流的集中使旅游安全问题成为最大的隐患。目前，各地安全生产形势比较严峻，安全隐患较多。黄金周期间，各地客流密集，涉及地区和行业广泛；一些旅游设施经过淡季之后刚刚启用，就面临大客流、长时间连续运转的考验，也给旅游安全工作提出了更高要求。

3.3 旅游安全问题

旅游安全问题有很多方面，有些是游客自身安全认知不够造成的，如在景区抽烟，不听工作人员劝阻，违反了游乐设施的操作规程等；有些是景区管理方面的原因，如在解说系统中缺乏必要的安全警示，没有定期检查旅游设施的安全，没有很好的安全事故处理机制等；当然也不排除一些客观原因，如地质灾害等，但这是很少见的。

4 旅游景区游客管理对策

4.1 建立健全服务设施

游客在旅游景区除了游览观光之外，最为关心的是在景区能否享受食、住、游、购、娱等服务。景区要实现这些服务，离不开良好的服务设施。如在景区平台区设立游客服务中心，提供自助餐厅和艺术走廊等散步和休息场所；在停车场和某些景点建造卫生间；在景区内设置小径（图3），避免游客对草地随意践踏；增加景区中的旅游警察，为游客提供安全保障和排忧解难；在车辆阻塞时疏导交通。

4.2 为游客提供准确、详细的信息

大多数的游客对于该地的历史、文化、环境、发展等不了解。对于景区来说，应该建立完善、有效的解说系统，主要包括手持和固定地图、路标、公共信息标识系统、指南、景观说明、公示栏、游览线路标

图3 无锡灵山拈花湾内的小径　　徐晓东/摄

识图、中英文或多语种标识、交通标识、广播通知系统等。这些标识系统可以提供基本信息和导向服务，以简单、多样的方式给游客提供服务信息，使游客获得安全、愉悦的旅行感受，帮助游客了解并欣赏旅游景区的资源及其价值，对旅游资源和设施进行保护（图4）。

4.3 对游客的指导和限制

一般而言，景区都有一个或多个出入口，进入景区后，在导游的带领下，或在导览图和路标系统的导引下，会沿着一定的线路游览景区。游客在进入某一空间时，分散他们的注意力，把游客吸引到那些宣传不多的地方；把大团队游客分为小团队，各团队参观不同的地点，避免拥挤在某几个重要的景观；对于陵墓和洞窟来说，可以适当限制游客游览人数，有时还可以要求游客必须戴口罩、穿鞋套，以免游客对古迹造成不可修复的破坏。研究表明，200个人在陵墓中停留1小时造成的后果相当于把3毫升的水倒在墙上[4]。

4.4 实行游客分流对策或队列管理

限制游客进入数量对于游客来说总是不愉快的事，对于游客人数的多少与环境的影响并无关联的多数景区，应该考虑的是实施游客分流，降低客流在景区内部某些景点的时空集中程度，从而减少某些景点的游客拥挤。根据游客和配备工作人员的数量，可将队列分为单列单人型（一队游客有一个服务员）、单列多人型、多列多人型等，改变硬件设施，让游客在比较宽松的环境中排队等候，排队等候区最好选择较好的区域，设置相应的座位和防护栏等，让游客有耐心等候（图5）。

4.5 预防和处理游客安全问题

由于游客安全问题的诱因不同，游客的安全管理就要采取不同的、有针对性的措施。首先，要通过各种手段来提高游客的安全意识；其次，要制定完善的安全问题预防机制。安全问题预防机制包括对游客服务设施进行定期检查，制订游客安全手册。发生安全事故后妥善处理有利于降低安全事故的影响。自然景区内应设立急救中心和培训一支训练有素的救援队伍，救援人员要掌握包括疾病救援、救护、失踪寻找、水生救护、火灾抢险、突发事件（塌方、泥石流、雪崩等）的应急救护等各种技能。另外，自然景区还要建立一套紧急救援的程序和一些其他事故处理程序。一旦出现安全问题，可按照这些程序快速开展科学的救援工作或其他事故处理工作。

图4 海螺沟景区服务设施 **图片来源：作者提供**

4.6 游客不文明行为的引导、管理措施

从对游客不文明行为产生原因所做的分析可以看出，对这种不文明旅游行为进行引导和管理将是一项复杂的系统工程，涉及各个方面、多个环节，需要多方面共同努力。旅游景区管理者应当做出自己的努力，进行景区环境和秩序的维护和管理，引导旅游者文明旅游。旅游景区应当加强对环境保护问题重要性的宣

图5 海螺沟游客分流设施 **图片来源：作者提供**

传，提高公众意识，使其认识到生态环境是旅游业可持续发展的前提；大力宣传旅游活动可能会造成的危害，尤其是让公众认识到不文明旅游对旅游环境、景观的污染和破坏。通过法律法规、制度等手段对游客行为进行管理。景区应制定游客文明管理条例，联合旅游行业协会研究制定的《游客行为规范》《游览须知》，通过这些规范对旅游者进行教育和引导，使得游客认识到哪些行为是正当的，哪些是不文明的，意识到自己对旅游景区环境应负的责任，从而约束自己的不文明旅游行为[5]。

参考文献

[1] 雷翔. 论旅游城市可持续发展的道路交通[J]. 规划师，2001，17(2)：35－39.

[2] 连漪，梁健爱. 上海、杭州和苏州旅游集散中心运营模式比较研究[J]. 企业经济，2007，11：101–102.

[3] 同[2].

[4] 卞显红，王苏洁. 交通系统在旅游目的地发展中的作用探析[J]. 安徽大学学报(哲学社会科学版)，2003，27(6)：132－138.

[5] 吴必虎. 区域旅游规划原理[M]. 北京：中国旅游出版社，2001.

借助智慧旅游技术提高景区游客容量管理水平

Improving Carrying Capacity Management by Smart Tourism Technology

文 / 郭 星

【摘 要】

随着国内智慧旅游建设如火如荼，各大景区纷纷走上智慧旅游建设阶段，控制景区最大承载量作为智慧旅游建设的重点内容之一越来越被重视。本文主要通过研究分析景区在没有超过最大承载量的情况下依然排队拥挤、游客滞留的实质原因，并从数据收集、指标分析、结果发布、智慧调控四个方面提出有针对性的解决措施。

【关键词】

景区容量；智慧旅游；容量管理

【作者简介】

郭　星　浙江深大智能科技有限公司智慧旅游研究院高级研究员

注：本文图片均由作者提供。

近年来，国内各大景区掀起了智慧旅游建设高潮，结合业态增加、业务运营等先后上线了各种软硬件技术应用，实施了“门票预约”等多项创新举措。但每到节假日、黄金周，还是经常看到某某景区“人流爆棚”“拥挤不堪”“排队严重”、“游客滞留”等现象，其中部分景区甚至实时在园人数并没有超过公布的最大承载量数值，究其原因有以下几个方面：(1)空间承载计算方法错误、有效游览面积变化（如实施改造）、人为运营经验判断（如追求多多益善）等因素造成最大承载量数值核定不准确，可能远远超过或不符合景区接待能力；(2)更为重要的是，景区通过网络渠道或者电子门禁等方式很难实时、准确、完整地反映人流与车流信息，数据统计监管相对比较单一。那些“不到长城非好汉”的目的性很强的游客并不会根据景区的“红灯警示”而改变行程，比如每年国庆节前故宫博物院会连发预警、提醒游客错峰参观，但游客总数依然居高不下；还有一些游客出园之后会在景区周边停留，但这些区域并没有纳入景区承载量统计监测范围，便会造成信息不对称，从而误导更多游客前往景区。

很显然，景区拥堵问题并不是发布景区最大承载量警告甚至“闭门谢客”就能解决的，要提高游客旅游“舒适度”，景区最大承载量需要基于客流变化情况，做好流量如何监管、数据如何研判、拥挤如何调控、时空如何应对等工作，建立具有时效性、安全性、科学性的综合运营管理机制。

1 多渠道数据收集

移动互联网时代，游客的行为特征越来越多样化，更加注重游前、游中、游后全过程旅游服务体验，通过OTA、APP、微信公众号、自助售取票机、闸机等进行各项旅游活动。作为景区来讲，可以基于物联网技术建立景区最大承载量O2O数据统计监测体系。

1.1 出发前环节

基于B2B管控平台实时收集、统计直分销渠道订单信息，包括OTA、团购网、旅行社、微官网、电商网等，做到“一网打尽”。另外也可以基于各个渠道的站长统计、吸粉数量进行客流预测（图1）。

1.2 入园前环节

基于物联网技术对接高速公路、高铁火车、汽车站点、交通干道流量监测统计系统，辅导景区最大承载量管控决策，另外还可以联动城市通信运营商（如移动）、国内地图导航服务商（如高德）进行客流的

图1 覆盖OTA、旅行社等直分销渠道的B2B管控平台（浙江深大智游宝操作后台）

监测统计。这一方面相对是一个大投入，建议景区可以先从监控进入景区的交通主干道或集散广场做起，将其作为景区最大承载量管控的延伸补充区域，提升数据统计的准确性、完整性。

1.3 入园中环节

基于电子票务管理系统完善人工售取票、自助售取票、微信扫码购票等业务流程，实现电子门禁的统一验证、统一核销、统一报表；另外在票房窗口、闸机入口设置流量监控视频，增加客流研判准确性。

1.4 游园中环节

基于物联网技术整合无线WiFi、流量视频监控、分景点电子门禁等，实时反映在园游客的流量分布与流动方向，也可以通过景区工作人员将现场实际情况传送到指挥调度中心。另外，还可以应用无人机等新型技术进行航拍抓取客流数据。

1.5 离园后环节

基于电子票务系统建立景区出口闸机流量统计，结合入口闸机数量统计对比分析出实时在园人数，并联动停车场管理系统、交通干道视频监控系统判断游客是否正在离开景区以及外围区域。

从本质上来讲，景区最大承载量就是一个旅游大数据问题，数据收集得越全、越广、越及时就越能保证最大承载量管控的精准性，而这一目标实现依靠于景区信息化的各项系统设备应用。这一点也告诉我们，未来智慧景区建设始终要贯穿最大承载量功能设计。

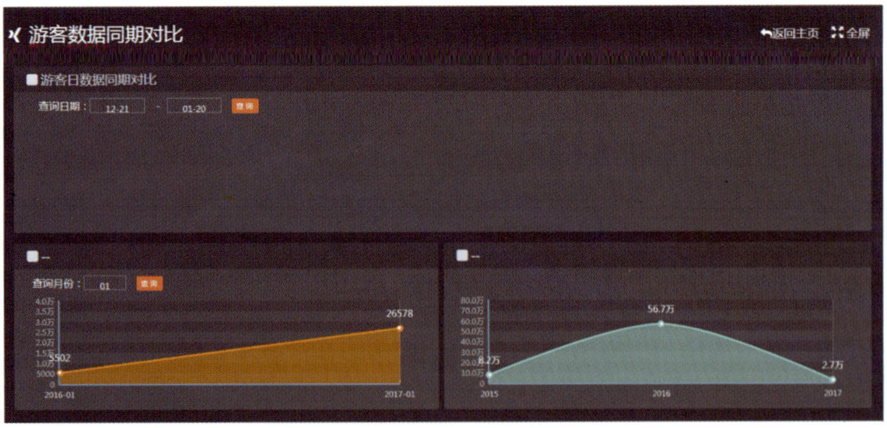

图2 关于景区客流的多维度对比分析（贵州兴义旅游大数据中心管理后台）

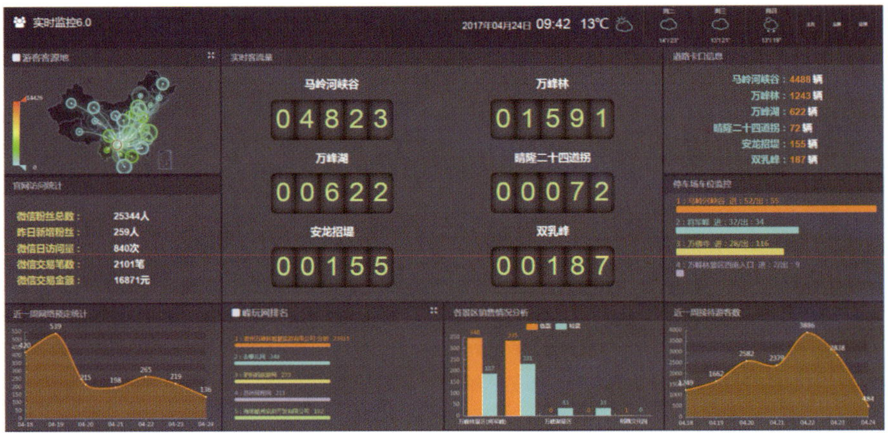

图3 贵州兴义旅游集团大数据平台客流实时监测

2 多指标运营分析

按照国家旅游局《景区最大承载量核定导则》，各大景区依照景区属性分类、评定指标、计算公式、参考标准等内容核定公布最大日承载量和最大瞬时承载量，但在具体执行上集中关注日承载量而忽略瞬时承载量是否超标。如果我们熟知景区运营规律，可以得知，由于受景区游览时间、游客到达时间等诸多因素的影响，在每天的运营中，景区游客量将呈现一定弧度的曲线，而并不是平均分布的，通常会出现上午入园和下午离园两个高峰时刻。另外，户外景区还应考虑天气的因素，滨海景区、机动游乐园、山岳型景区等在大风大雨等天气情况下，游客的行进、疏散速度肯定比较慢。比如，丹霞山如果在下雨天涌入3万人，其游客舒适度肯定要比晴天涌入4万人还要低。因此，在关注景区最大承载量时，我们应该更多地关注景区瞬时承载量，或者说景区运行正常更需要通过最佳承载量体现出来，并能够综合气象、交通等物联网数据进行更深层次的数值指标分析。我们可以细分如下。

2.1 更多的量化指标考评

可以利用门票销售数据做客流预测分析，可以利用实时在园人数做拥挤程度分析，可以利用天气交通情况做旅游舒适度分析，可以利用往年经营数据做同期对比分析等（图2）。

2.2 更多的节点场景监控

应该在集散广场、演艺场所、观景节点、餐厅商店、景区厕所等人流集中区域进行针对性监控，比如基于红外线技术划定某一范围，实现人流统计、自动预警等。还应该对每天出入园高峰时刻进行时段性监控，保证入口秩序稳定、人流快速集散。另外，如果景区是以自驾游客为主，应该关注停车场停车数量，防止超标，因为车辆也是造成景区拥堵的主要原因之一（图3）。

2.3 更多的特定环境调节

根据环境情况变化，能够调整最佳承载量数值。比如在夜晚开展旅游活动，应当启动“晚间模式”；在突发暴雨时，可以自动调整为“雨天模式”；在旅游旺季，开启“旺季模式”，以应对客流冲击。

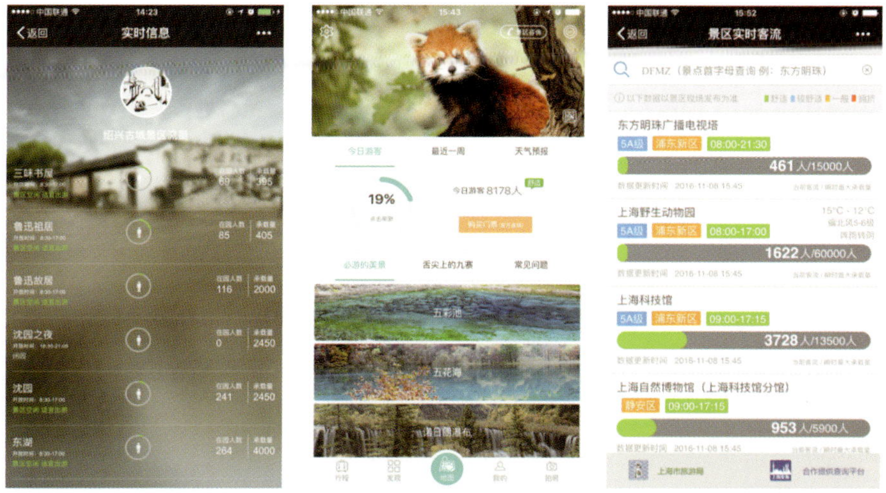

图4 游客端信息发布的版式参考

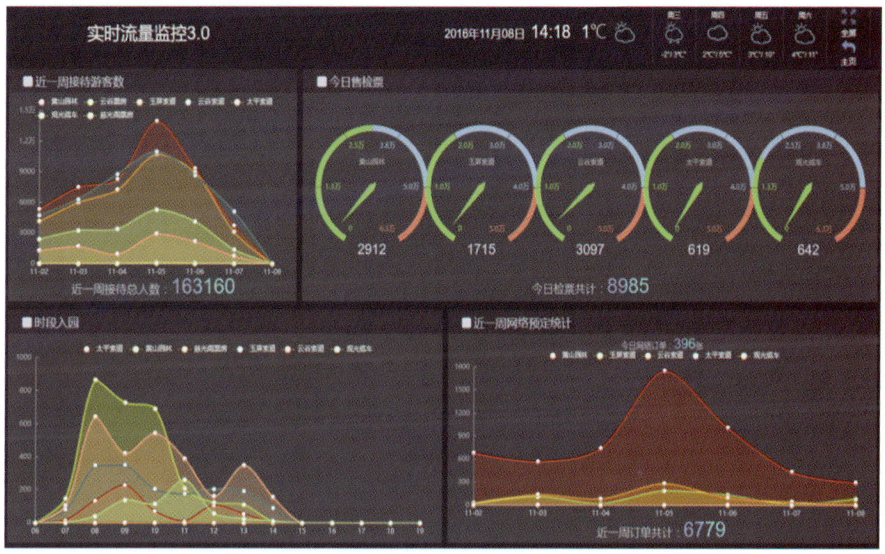

图5 景区运营管理段信息发布的内容参考（黄山旅游大数据中心）

景区最大承载量是变化的波动阀，随外界条件改变而调整。一方面，景区最大承载量会因为游览结构及服务对象的不同而改变；另一方面，景区最大承载量会因为人类对于环境的改造而发生变化（比如道路交通条件的改善、景区扩容等）；再者，天气的原因容易带来游玩活动的不便利，具有很大的可调节性。所以，景区在保持惯常情况下旅游者流量控制工作相对稳定的同时，还需要适时进行多维分析、动态调整。

3 多形式结果发布

在日常运营管理中，景区管理者应当按照相关法规，主动公示景区最大承载量，并能够通过网络平台、公共媒体、智能终端等多样化的旅游信息平台，向游客、政府监管部门等传递景区游客数量情况。若外地游客到了景区门口才被告知“最大承载量”，或景区已人满为患再行疏导之举，当不无资源浪费和悖逆效率之虞。所以，要确保“承载量”发布的及时和靠谱，最大限度保障信息传递的时效性、精准化、透明度，需要科学与完整的信息传播机制和发布渠道，主要有游客端、管理端和社会端几种渠道。

3.1 游客端

建立资讯发布与查询机制。在

游客出发之前，可以通过OTA、官网、微信号、微博等平台，滚动发布客流信息和旅游建议；在游客前往途中，可利用电视广播、手机短信、交通路牌（如高速服务区）等方式，发布旅游预警并做一定的分流引导；在游客到达景区后，可以通过LED显示牌或者手机地图导航，发布每个节点的客流情况及推荐的旅游线路等信息。在每个节点、过程，都能为游客的游玩决定提供帮助与支持（图4）。

3.2 管理端

建立数据采集与反馈机制，可以基于物联网技术搭建景区最大承载量数据分析平台，并支持管理者在电脑端、手机端、大屏端等查询各类统计数据与分析结果，其中包括数字数据和视频数据，实现动态监测、实时分析、移动管理。另外，能够对接政府相关部门，上报客流信息以及对应情况研判，供上级领导参考（比如旅游局、应急办）。在任何时间、地点都能为管理者的运营决策提供数据与结果（图5）。

3.3 社会端

社会端更多的是面向本地市民的信息指引，通过报纸媒体、电视广播、城市论坛、户外大屏等，提前预

图6 黔西南智慧旅游大数据中心

图7 基于三维地图的运营管理操作界面（新昌大佛寺综合管控运营平台）

告景区客流信息，建议错峰出行游玩，以避开外地游客到来高峰。

最后，需要明确一点的是，信息发布除了形式渠道要多样化之外，还特别需要注重所发布的内容简单易懂、清晰明了。比如，在相关结果表达界面设计上，可以使用生活中常见的红、绿、黄、黑四种颜色，表示当前景区最大承载量以及对应的旅游舒适度；再比如，给管理层做管控决策的时候，可提供地图式人流分布分析，方便快速精准地提出分流措施。

4 多功能指挥调控

结合目前各地制定的最大承载量应急预案内容来看，都有提到一点：当景区旅游者数量达到最大承载量的80%时，景区应当向社会公告并及时向当地政府报告，同时启动相应的引流、分流、限流等措施。目前比较有效的措施有：扩大开放面积和游览区域，取消部分产品售卖，实行特定人群主题免费日错峰出游，实现分时间段入园，延长营业时间等。基于信息化系统的调控方式包括大屏式指挥调控、图景式指挥调控和自动化指挥调控。

4.1 大屏式指挥调控

A级景区或者度假区都会建立一个综合指挥调度中心，景区最大承载量调控应该是其重要的管理内容。基于视频数据、检票数据等，统一调度景区设备设施、工作人员，进行人流引导，并能够对接上级主管部门指挥调度平台，实现多层级的指挥调度（图6）。

4.2 图景式指挥调控

现代景区业态越来越多，客流监测也越来越复杂，瞬间情况千变万化，管理者更希望搭建基于实地场景能够就近调动资源快速反应的调控平台。随着无人机技术的成熟应用，完全可以将GIS、测绘、遥感等技术用于景区最大承载量的调控，为分析与决策提供更直观、便捷、准确的方式（图7）。

4.3 自动化指挥调控

景区全园客流超载时，电子门禁系统（闸机）可以自动停止检票，或者伴随客流减少定时重新开放检票。另外，景区检票口一旦人流爆棚，可以增加手持机等移动式检票设备，快速集散人流，化解特定区域人流超载问题。

最大承载量对于景区的功能在于警示，是景区的“晴雨表”，恪守这一“红线”不放松，不仅要求景区管理者要自身严格要求、全力执行，更需要发挥本能，结合智慧旅游新技术构建完整的最大承载量实施体系，保证游客游览质量、安全管理水平、运营管理能力等。智慧旅游将会受到更多景区的重视，移动互联网技术应用也将更深入地植入到旅游基本要素当中，让景区“多多益善”不再是痛！

4

拈花湾

景区游客流管理

Managing Visitor Flows in Tourist Attractions

徐晓东 / 摄

基于时间节律的主题公园旅游流管理策略

Carrying Capacity Management of Theme Park Based on Temporal Aspects of Tourist Flows

文 / 梁增贤

【摘 要】

主题公园是一个游客流密集的景区，而游客流又具有普遍的波动性。因此，准确把握游客流波动规律是主题公园实现精确容量管理的关键。在主题公园的管理实践中，游客流的季节性波动并不完全是困难或者需要克服的障碍。如果游客流季节性波动利用得好，对公园管理和设施维护都会起到积极作用。通常，主题公园游客流季节性波动分为年际、月际、周内、日内波动，容量管理的策略和措施就必须根据各种波动规律做出相应安排。

【关键词】

主题公园；季节性；游客流；旅游容量；游客管理

【作者简介】

梁增贤　博士，中山大学旅游学院副教授

注：本文图片均由作者提供。

1 引言

现代主题公园（theme park）的概念缘起于1955年7月17日在美国安纳海姆开业的迪士尼乐园。“主题公园是一种人造旅游资源，它着重于特别的构想，围绕着一个或几个主题创造一系列有特别的环境和气氛的项目吸引旅游者”[1]。主题公园是游客流密集型景区，单位面积承载的游客量很高，许多主题公园在旅游旺季更是超负荷接待。这不仅仅造成物质容量的过载，也会影响游客心理容量[2]，容量造成管理难题。与此同时，主题公园的游客流呈现明显的季节性波动[3]，一些公园的淡旺季波动非常大，对景区的容量管理乃至人力资源管理等造成重大影响。

对于主题公园这种游客流密集、季节性波动大的景区，精确的容量管理是建立在扎实的游客流季节性波动规律基础上的。季节性波动（seasonality）是大多数旅游景区的普遍特征，尤其是主题公园。而中国现行的休假制度又在一定程度上加剧了这一问题。在景区运营管理传统观念中，大多数学者将旅游季节性波动看成是一种需要克服的障碍和困难[4, 5]，特别关注旅游季节性波动对旅游景区的负面影响，很少讨论如何利用这种季节性波动。事实上，在主题公园的管理实践中，季节性波动也有积极的方面。比如，由于季节性波动的存在，游乐设备可以在淡季进行定期检修（通常大型游乐器械需要每周停运检修一次），基层员工可以利用淡季轮休。对于那些游客量很大，季节性波动也很大的主题公园，可以在旺季雇用较大比例的临时工和实习生，减少景区的人力成本。香港迪士尼乐园雇用员工超过6800人，其中固定员工为4600名左右，季节性临时员工最高可达到2200名，基本上2个固定岗位对应1个临时岗位[6]。在美国，主题公园使用季节性临时工和实习生的比例更大。

显然，游客流的季节性波动并非毫无益处。通常，主题公园的游客量季节性波动分为年际（大多数学者将其纳入主题公园生命周期）、月际、周内、日内波动。每一种波动的规律不同，相应地，主题公园所采取的容量管理策略也有所变化。

2 年际波动与容量管理策略

主题公园的年际波动是指游客流在不同年份之间的变化规律，这种规律与主题公园的生命周期律相关。当然，不同类型的主题公园年际波动也有所差别。一般地，主题公园一个完整的生命周期从开业、发展、巩固再到衰退或者复苏少则三五年，长则八九年。许多主题公园能够存活几十年或者上百年并不是因为它不受生命周期约束，而是因为它通过更新、改造实现多个生命周期的叠加。因此，更新、改造是主题公园保持吸引力和生命力的关键。与此同时，大多数主题公园存在一个首期效应，即市场追新求奇的心理使得公园开业前两年面临一个游客量的高峰期。因此，我们不能简单认为一个主题公园开业前两年经营效益好，就认为这个主题公园成功，而要从更长的一个经营周期来判断。深圳欢乐谷游客流的年际波动说明了这一现象（图1）。

深圳欢乐谷一期于1998年10月1日开业，当年接待游客仅为28万人次，尽管已经接近年末，但仍可以看到欢乐谷的一期并不受市场欢迎，因为其远低于锦绣中华（1989年11月22日开业，当年接待91万人次）的首期效应。2002年4月28日，投资8亿元的深圳欢乐谷二期开业，增加了香格里拉森林、飓风湾、阳光海岸，加上夏季开放的玛雅水公园，园区游乐项目由40个增加到近百个，受到了市场欢迎，欢乐谷实现成功转型，由一个儿童游乐园转变为融参与性、观赏性、娱乐性、趣味性为一体的现代大型主题乐园，深圳欢乐谷延续了

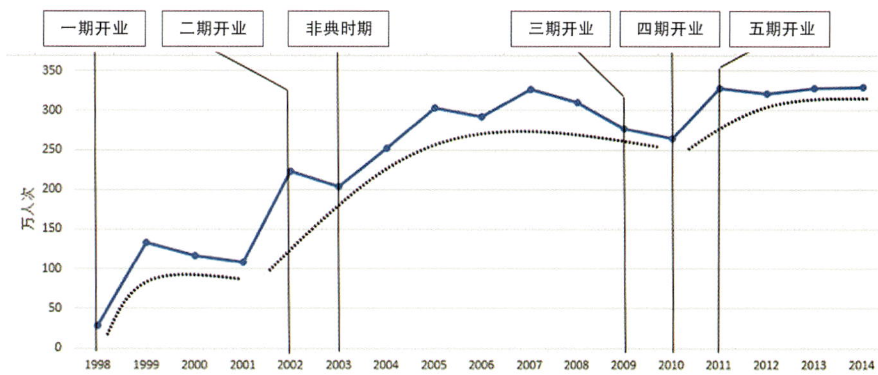

图1 深圳欢乐谷游客量（1998~2014年） **资料来源：深圳华侨城欢乐谷旅游公司**

长达8年（2002~2010年）的一个生命周期。当然，在这个大周期中，欢乐谷游客流的年际变化除受到“非典”疫情影响出现较大幅度下降外，其余年份基本保持规律性波动。然而，随着设施设备的老化，吸引力逐渐下降，游客流存在下行压力，深圳欢乐谷从2009年到2011年接连加大投资力度，推出三期、四期和五期项目，目前园区又进入了一个新的周期性波动阶段。2014年，深圳欢乐谷接待量达到330万人次。

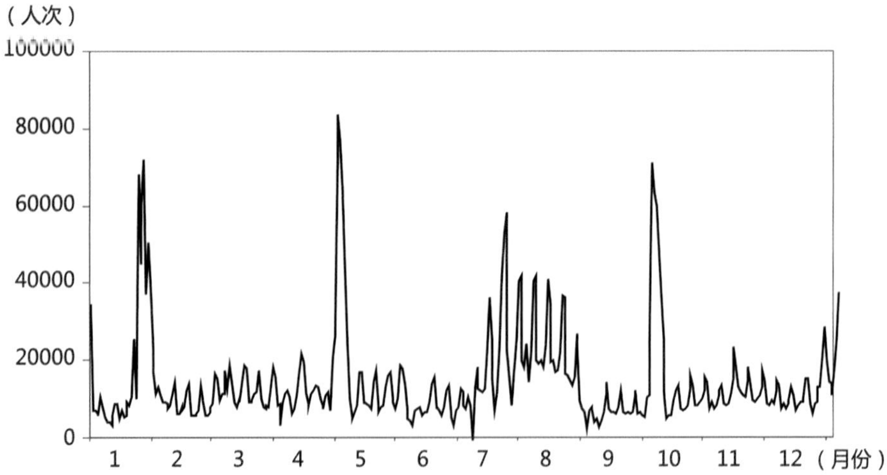

图2 深圳欢乐谷三大主题公园游客流月际波动 资料来源：王刚，2009.

主题公园游客流的年际波动需要在容量管理方面做出相应的准备。第一，主题公园不是一次建成的，要为未来的发展和更新改造留有储备用地，以便后期扩容。例如香港迪士尼乐园就留有足够的用地，2012年香港迪士尼乐园扩建了灰熊山谷；第二，大型主题公园一定是分区的，而更新改造也是分区进行的。关闭一个分区，改造或升级一个分区；第三，由于存在首期效应，园区容量管理的目标和配套安排不能以首期效应时期的游客量标准来设定。例如，如果按照首期效应标准配置餐饮、购物容量，那么在首期效应之后，园区将承担巨大的设施闲置压力。

3 月际波动与容量管理策略

主题公园游客流的月际波动主要跟主题公园的类型有关。一般以水上游乐为主的主题公园一年中的开业时期主要集中在“五一”到“十一”之间，南方略长，北方略短。因此，北方的水公园要么做得比较小，要么做成室内的，要么利用温泉水（使用温泉水也存在其他新的问题）。南方的情况也并未见得好，最大的天气问题就是雨水日数比较多。然而，无论如何，尽管气候变化给各地天气带来影响，但总体上天气还是可以预测的，因而主题公园在判断天气对游客流波动影响上也是可以预测的。以动植物和微缩景观为主题的主题公园一年四季都能运行，月际波动的幅度较小。以乘骑器械和影视娱乐为主题的主题公园也基本一年四季都能营业，月际波动幅度略大，旺季也主要集中在暑假。冬季寒冷，乘坐过山车还是比较难受的，尤其是北方。以深圳华侨城三个主题公园（锦绣中华·民俗村、世界之窗和深圳欢乐谷）一年中的月际波动为例（图2）。

深圳华侨城三大主题公园游客流的月际波动很明显，春节、“五一”、暑假和“十一”，分别为4个峰值月，而4月、6月、7月和9月往往是主题公园游客流的谷值月，其中4月主要受南方雨季影响，6~7月主要是学校期末月或考试月，9月份受学校开学影响[7]。主题公园游客流的月际波动也需要主题公园在容量管理上做出相应调整。第一，为游客流旺季扩容做好准备。一方面，通过招聘临时工、安排学校实习生等方式为暑假等游客流旺季准备足够的人力资源；另一方面，新开业的主题分区一般都安排在旺季之前，相应的配套设施和服务也要预备好。第二，淡季游客流较少，景区容量管理压力较小。此时关闭部分主题分区进行更新、改造是最佳的选择。园区相应的人员培训、项目建设以及发展部署也主要集中在淡季进行。只要淡季月份的准备工作做好了，旺季才能旺起来。

4 周内波动与容量管理策略

主题公园游客流周内波动指主题公园游客流在一周中不同日之间的游客量变化。一个成熟的主题公园的游客流周内波动是比较规律的。一方面，主题公园的核心市场是两小时车程范围内的近程市场，基本当日往返，另一方面，主题公园游客流周内波动规律还分黄金周波动

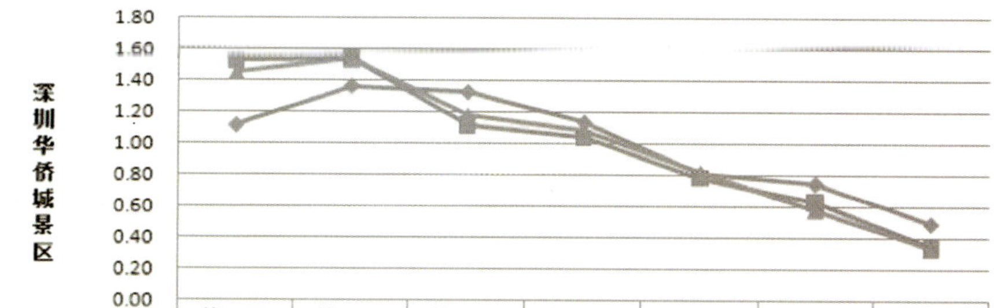

	第一天	第二天	第三天	第四天	第五天	第六天	第七天
春节黄金周	1.12	1.36	1.33	1.14	0.81	0.75	0.50
五一黄金周	1.53	1.54	1.12	1.04	0.79	0.63	0.35
十一黄金周	1.46	1.54	1.18	1.09	0.82	0.58	0.34

图3 深圳华侨城三大主题公园三个黄金周周内波动情况 **资料来源：梁增贤，保继刚（2012）**

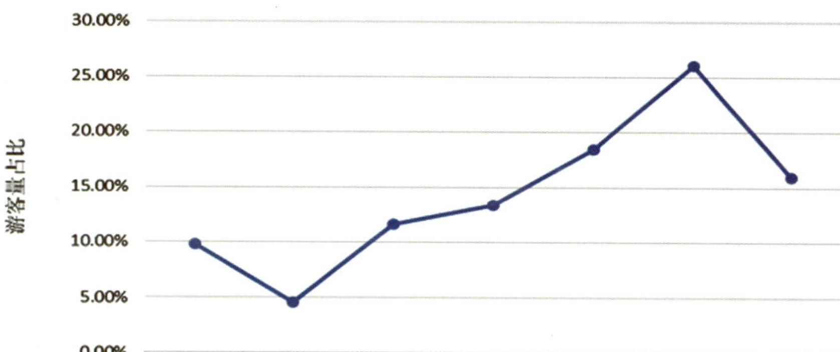

	周一	周二	周三	周四	周五	周六	周日
非黄金周	9.87%	4.57%	11.63%	13.38%	18.49%	26.09%	15.97%

图4 深圳欢乐谷非黄金周周内波动情况 **资料来源：董观志，刘芳（2005）**

和非黄金周波动。张朝枝和保继刚（2007）以武陵源遗产旅游地为例，指出三类“黄金周”的游客流峰值日基本上都出现在假期中间时段，而且持续的实际相对较长[8]。梁增贤和保继刚（2012）的研究表明，主题公园“黄金周”的游客流峰值日基本出现在假期的前半段，且持续的时间比较短[9]。这是因为主题公园游客流大都属于近程市场，“黄金周”第一天便迎来高峰，加上游客大都当日往返，故而峰值持续的时间不长。从“黄金周”与“非黄金周”的比较来看，董观志和刘芳（2005）以深圳欢乐谷为例，研究“非黄金周”主题公园的周内变化，发现游客流峰值日是周六，谷值日是周二[10]（图3、图4）。

由于游客流周内波动规律，因而存在“旺周淡日”（如“黄金周”的最后一天）和“淡周旺日”（如“非黄金周”的星期六）。这为主题公园的容量管理提供了管理灵活性。第一，在“非黄金周”时期，主题公园员工的轮休主要安排在周一、周二和周三，而在“黄金周”内一般不轮休，要轮休也安排在最后两天。因此主题公园员工的休假与一般的企业员工正好错开，这是服务行业的共性。第二，淡日和旺日之间的游客量差距是几倍的，以深圳欢乐谷为例，平日的游客量也就五六千人，一到周末，尤其是周六当日，可能就挤进了2万多游客。这要求主题公园在容量管理上弹性的幅度要大，有多种弹性供给方案备选。

5 日内波动与容量管理策略

主题公园游客流日内波动指主题公园游客流在一日之内不同时间段的游客量变化。一个成熟公园的日内波动是相对规律的，淡旺季之间和周中与周日之间的差别并不很大。主题公园游客流的日内波动规律主要与游客的出游习惯和生活习惯有关。游客每日到访主题公园的时间是比较集中的，因而入园的游客流高峰出现的时间也是相对稳定的，只是旺季或节假日开园时间略早，游客流高峰出现提前而已。与此同时，人们每天的生活作息时间也是一贯的，因而游客在主题公园内就餐的时间也是相对固定的。这直接导致主题公园餐饮供应的高峰总是稳定在特定时间段内，从而使旺季主题公园餐饮容量管理困难。尽管存在个体差异，但游客结束一个公园游玩的时长也是相对稳定，出园高峰总是固定在特定时段（图5）。

主题公园游客流的日内波动受游客决策行为模式的影响，它在主题公园内的时空分布是可以预测的[11]。根据图5（a），在平日里，一个早上9:00开园的主题公园，在每天的10:00~12:00之间迎来游客入园高峰，下午13:00后开始陆续出园，一直持续到闭园。换句话说，主题公园承载瞬时容量的高峰出现在

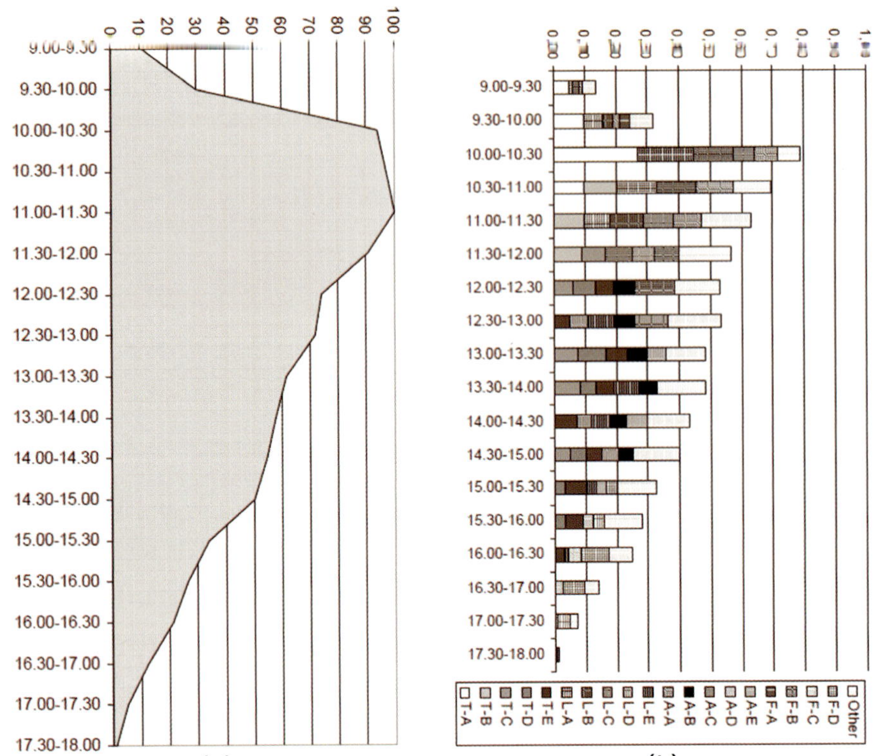

(a) (b)

图5 某主题公园游客流日内波动情况 **资料来源：Kemperman, 2000**

11:00~12:00之间。然而，这些容量在主题公园内并不是集中分布的，而是有规律分布的，见图5（b）。游客各项活动之间有密切的衔接，餐饮需求集中出现在11:30~13:30之间。在中国大陆地区，由于中国游客园内二次消费的比例较低，餐饮容量的压力并不像欧美主题公园那么大，但仍呈现相对集中的就餐现象。游客在不同的景点之间的时空分布也略有不同，游客从园区入口到达各个景点或游乐器械是需要一定时间的，而各个景点或游乐器械接待游客量的高峰时段相应地也滞后于入园高峰。这个滞后的时间差说明主题公园的所有器械和景点并非一开园就开机，而是根据各个景点或游乐器械自身的接待规律运营，这可以大大节约景区人力资源和能源成本。

游客流的日内波动规律对主题公园容量管理提出了更高的要求。第一，由于在大陆地区实行的是一天8小时工作制，而主题公园开园的时间往往是9~10个小时（旺季更长），这多出的1~2个小时如果都要求员工在岗，则按照规定景区需要支付额外的加班费。然而，由于游客从入园至到达各个景点或游乐器械存在时间迟滞，而出园的高峰来得又早，许多景点并不需要满员在岗，因此，如果景区灵活处理人员在岗时间，是能够有效把每个员工安排在每天8小时工作时间以内的。第二，不同的景点、游乐器械和餐饮点、购物点之间的容量高峰是不同的，有些正好错开了。这就决定了一个主题公园的员工应该可以扮演多种角色，胜任多个岗位，以便于在不同岗位流动，提高有效容量的供给能力。第三，需要额外注意的是，各个景点、游乐器械、餐饮点和购物点的容量并不完全以入园游客量为标准设定。这是因为每个景点的吸引力是有差异的，并不是每个游客都会去，而餐饮点和购物点的消费率可能更低，尤其是在中国大陆地区。中国游客习惯于携带食品、饮料入园，很多人并不会在园内就餐或购物，即使就餐或购物，也仅仅需要非常简便、快捷和廉价的服务。因此，对于这部分客人，可以设置流动的摊贩，提供便捷服务。

6 结论与讨论

主题公园精确容量管理必须建立在对游客流波动规律充分掌握的基础上。主题公园年际、月际、周内和日内波动会对主题公园的容量管理产生不同影响。年际游客流波动主要影响主题公园长期容量开发策略。公园必须基于未来发展预期做容量储备，一般提前两到三年。与此同时，设计的理论容量很难全部释放，尤其是对于老旧的主题公园，因而公园每年定期的更新、改造也必须考虑在容量变化中。月际游客流波动主要影响主题公园年度容量计划，纳入主题公园年度工作计划中。主题公园必须根据每年常态的淡旺季变化预测接待容量，招聘临时工、季节工、实习生的计划必须根据波动规律来安排。相应的休假安排、培训安排、检修计划也适时调整。周内游客流波动主要影响主题公园每周计划，根据“黄金周”和“非黄金周”的波动规律对员工休假、设施容量（餐饮、购物、设施、项目等）进行安排。由于这种容量变化弹性较大，这要求公园在设计之初就应该考虑弹性容量的供给问题。否则，后期的服务运营很难达到容量要求。日内游客流波动主要影响主题公园的每日计划，精确到小时，甚至分钟。这是主题公园精确容量管理的关键所在。主题公园要根据游客流在一日中的时空分布及流动，设置精确的员工轮岗、设施设备的开停、餐饮购物的供应等问题。一台大型游乐设备如果每天都因为精确容量管理而晚开机10分钟，累积节约的成本将非常乐观。具体而言，主题公园还有许多容量管理策略可供选择（见表1）。

表1 主题公园容量管理策略一览表

	容量管理措施	备注
减少整体园区游客量	直接限制公园的入园量，停止入园	设定“法定”容量限额，事先告知
	诱导或限制游客的停留时间	缩短或加快游客流动线
	开辟并引导使用园区外区域	开启备用区域
	减少团队游客入园（尤其是企业团队）	提前规避企业、学生团队
	提高门票价格	设置旺季票与淡季票两个票价
	适当奖励或补偿部分游客入园	适用于线上购票游客
减少拥挤区域游客量	直接限制拥挤区域的游客量，限制放行	容易发生游客与园区的冲突
	提前或实时公布各区域或项目的拥挤度	告知大型过山车需要等候的时长
	限制拥挤区域的游览时间	需要在空间上有相应的设置
	让通往拥挤区域的通道更为复杂、困难	迫使部分游客放弃前往
	在其他区域开辟拥挤区域的同类项目	项目分流
	减少或关闭部分拥挤区域内过于热门的项目	缺乏吸引力的区域游客自然减少
调整拥挤区域游客流	让游客保留拥挤区域的游览权	预约特权保留，可随时再回来
	利用巡游诱导游客前往人少区域	关键是通过互动让游客跟着巡游走
	利用演艺活动诱导游客前往人少区域	演艺活动的表演时间设置至关重要
	项目游览权置换	拥挤区域一个游览权可置换其他游览权
	游客类型分流	家庭、青年和老人分流使用
	鼓励使用其他区域游览	给予特权补偿
	增加项目收费	设置拥挤区域热门项目收费
调整游客游览行为	改变游览路线	尽量让游客分流到人少区域
	提高热门项目的效率	如缩短热门项目单次运营时间
	鼓励夜间游览	旺季增加夜间活动亮点
	鼓励下次游览	游览权置换其他权益、积分或特权
降低游客期望与入园	提前预警游客流拥挤状况	线上线下实时公布，通知到个体
	提前告知游客可能遇到的困难和采取的措施	线上线下实时公布，通知到个体
	告知热点项目游客流状况	线上线下实时公布
	告知关闭部分项目或设施	降低园区吸引力

注：作者总结。

基金项目

本研究受国家自然科学基金（No.41301146）和珠海旅游研究院共同资助。

参考文献

[1]保继刚. 主题公园发展的影响因素系统分析[J]. 地理学报，1997，52（3）：47–55.

[2]梁增贤，董观志. 主题公园游客心理容量及其影响因素研究——来自深圳欢乐谷的实证[J]. 人文地理，2011，26（2）：139–143.

[3]梁增贤，保继刚. 主题公园黄金周游客流季节性研究——以深圳华侨城主题公园为例[J]. 旅游学刊，2012，27（1）：58–65.

[4]Lundtorp S. Measuring Tourism Seasonality[M]. //: Baum T, Lundtorp S. Seasonality in tourism. Oxford: Pergamon, 2001, 23–50.

[5]Butler R. Seasonality in tourism: issues and implication[M]. //: Seaton A V. Tourism: the state of the art. Chichester: Wiley, 1994: 332–339.

[6]梁增贤，保继刚. 大型主题公园发展与城市居民就业——对华侨城主题公园就业分配的考察[J]. 旅游学刊，2014，29（8）：62–69.

[7]王刚. 主题公园游客流影响因素及其作用路径研究[D]. 西安交通大学，2009.

[8]张朝枝，保继刚. 休假制度对遗产旅游地客流的影响——以武陵源为例[J]. 地理研究，2007，26（6）：1295–1303.

[9]同[3].

[10]董观志，刘芳. 旅游景区游客流时间分异特征研究——以深圳欢乐谷为例[J]. 社会科学家，2005（1）：132–135.

[11]Kemperman A.Temporal aspects of theme park choice behavior: modeling variety seeking, seasonality and diversification to support theme park planning[Z]. Eindhoven: Technische Universiteit Eindhoven, 2000.

苏州园林景区客流压力与分流技术

Challenges and Strategies of Visitor Flow Management: Experience from Classical Gardens in Suzhou

文 / 陈文玉 魏向东

【摘 要】

本文以苏州园林景区（拙政园、虎丘、留园）为主要研究对象，通过对苏州园林景区有限空间及持续客流压力矛盾的分析，说明苏州园林景区游客管理的必要性与重要性；同时，细数苏州园林景区在游客分流上的相关措施，对现有技术水平、时间管理、空间管理及价格杠杆调节等游客分流措施进行介绍与评述，最后提出苏州园林景区容量控制及游客管理的新思考。

【关键词】

园林景区；环境容量；游客管理；苏州

【作者简介】

陈文玉 苏州大学社会学院旅游管理系旅游管理硕士研究生

魏向东 苏州大学社会学院旅游管理系教授

1 引言

江南园林甲天下，苏州园林甲江南。在苏州众多旅游资源中，以园林最为著名。苏州园林吸收中国私家园林建筑艺术的精华，把有限空间巧妙地组成变幻多端的景致，结构上以小巧玲珑取胜，运用灵活多变的园林空间处理，在城市住宅旁有限的空间里因地制宜，采用叠山理水、植物配置等高超的造园艺术技巧和手法，浓缩自然界美好的山水风光，构建典雅优美、精雕细刻的园林建筑群体，使人“不出城廓而获山水之怡，身居闹市而得林泉之趣”，充分反映出古代江南地区高度的居住文明和城市建设的科学技术水平。

苏州园林可上溯至公元前6世纪春秋时吴王的园囿，源远流长，始兴于春秋，发展于晋唐，繁荣于两宋，16~18世纪全盛时期，苏州有园林200余处，直至今天保存完好的尚存数10处。1997年12月4日，世界遗产委员会第21届会议正式批准以拙政园、留园、网师园、环秀山庄为典型例证的苏州园林正式列入联合国教科文组织《世界遗产名录》。其后2000年又确定分别代表宋、元、明、清不同时代的沧浪亭、狮子林、艺圃、耦园和退思园增补列入世界遗产。2007年，拙政园成为首批国家5A级旅游景区；2010年，苏州园林景区（内含拙政园、虎丘、留园3大景点）成为国家5A级旅游景区，通称苏州园林景区（本文即以此为研究对象）（图1、图2）。

2014年12月，国家旅游局为贯彻落实《中华人民共和国旅游法》，指导和规范景区最大承载量核定工作，制定《景区最大承载量核定导则》LBT 034-2014（以下部分简称《导则》）[1]。《导则》于2015年1月正式颁发，同年4月生效，为保障旅游者的人身安全、促进旅游资源的可持续利用、进一步提高景区服务质量和管理水平，提供制度规范。因此，本文将在此背景下对苏州园林景区（拙政园、虎丘、留园）的客流压力与分流技术初作研究，以期对苏州园林景区的可持续发展提供建议。

2 苏州园林景区有限空间与持续增长客流之间的矛盾

2.1 景区容量的现有研究及定义

环境容量的概念最早由比利时数学家、生物学家弗胡斯特（P. E.

图1 苏州园林造景别致，环境优美　　图片来源：作者提供

图2 拙政园长廊的窗花典雅优美 林丽琴/摄

Forest，1838）根据马尔萨斯的人口论提出。20世纪80年代，国外有众多学者开始研究旅游环境容量问题，特别是旅游环境容量的测定问题。我国对旅游环境容量的研究稍滞后于国外旅游发达国家，但由于广泛吸收国外已有的成果，国内旅游环境容量的研究起点较高。刘振礼、丁文魁、楚义芳等研究者先后对旅游环境容量的定义、内涵、实际测量标准等进行研究[2]~[4]。我国学者在对旅游环境容量进行理论研究的同时，也注重理论对实践的指导，如保继刚、王资荣、郝小波等分别对颐和园、张家界森林公园等实际特殊案例地环境容量进行研究[5]~[6]。20世纪90年代，随着旅游业的蓬勃发展，部分旅游地超载问题日益突出，国内学者对旅游环境容量的研究也更加深入。冯孝琪、崔凤军、胡炳清等对环境容量的理论概念、内涵及其组成部分、基础模型等进行深入细致研究[7]~[9]，张灵杰、孙道玮、王宏等对玉环大鹿岛、净月潭国家森林公园各实地景区进行研究[10]~[11]。然而在研究过程中，以上研究都尚未对旅游环境容量进行统一的概念界定及测量计算方法说明。直至2015年4月1日正式实施的《景区最大承载量核定导则》面世，景区容量问题才有统一标准。根据《导则》，景区容量又叫作“最大承载量”，是指在一定时间条件下，在保障景区内每个景点旅游者人身安全和旅游资源环境安全的前提下，景区能够容纳的最大旅游者数量。按属性来分，最大承载量包括空间承载量、设施承载量、生态承载量、心理承载量、社会承载量五种类型；按时间节点来分，包括瞬时承载量和日承载量两种类型。本文拟采取此种定义方法，对苏州园林景区容量问题进行研究。

2.2 苏州园林景区持续的客流压力

苏州园林是全国著名的园林代表，是游客到苏州的必游景点，因而一向游人量大，给身为世界文化遗产的园林景区带来了极大的环境压

表1 苏州园林接待情况

年份	累计（万人次）	同比（%）
2011年	861.42	—
2012年	983.61	14.19
2013年	1120.63	13.93
2014年	1305.55	16.50

注：数据根据各园林调研所得。

表2 苏州拙政园虎丘留园三园接待情况

年份	累计（万人次）	同比（%）
2011年	512.15	—
2012年	641.63	25.28
2013年	588.22	-8.32
2014年	671.19	14.11
2015年	670.10	-0.16

注：数据根据各园林调研所得。

表3 苏州园林景区各园面积

名称	造园年代	总面积（m^2）	建筑面积（m^2）	水面面积（m^2）	绿色面积（m^2）	花圃面积（m^2）	实际可游览面积（m^2）
拙政园	明代	41050	3792	8250	29008	7992	24808
留园	清代	20140	3263	880	15997	1332	17928
虎丘	春秋	191600	—	—	—	—	81000

数据来源：《苏州旅游环境容量问题初探》

力。总结而言，园林客流大体存在如下几个特点：

2.2.1 游客人数居高不下

苏州园林作为世界遗产，是由山水、建筑、植物等组合而成的综合艺术品，具有高度的艺术成就和独特的艺术风格，其融自然美、人文美、建筑美等于一体，显示出精致雅淡、意境深远、文化内涵丰富等鲜明的地域特色。苏州园林作为苏州传统文化的载体和城市特色的重要体现，是构成城市特色的重要元素。在游客心目中，苏州园林已经成为苏州文化的品牌。苏州园林的知名度响彻国内外，吸引了大批游客前往参观，节假日更是人流如织。近年来，苏州园林的旅游人数居高不下（表1），根据各园林调查数据可知，苏州园林游客接待量在2013年突破千万人次大关，成为苏州旅游接待的中流砥柱。

2.2.2 游人分布集中

在苏州园林中，苏州园林景区所包含的拙政园、虎丘、留园的接待人次每年皆达到整体接待量的一半以上（表2），可见苏州园林景区深受旅游者喜爱，在苏州大大小小的园林中脱颖而出。这大致可归结于园林景区中三大园林名气较大所致，作为苏州最大的园林，拙政园作为“老大哥”的位置居高不下，一句“到苏州不游虎丘乃憾事也”道出虎丘之于苏州旅游的地位，而留园作为“四大名园”之一也是旅游者重点考虑的对象。

2.2.3 游人游览时间集中

从各景区管理人员处得知，以苏州园林景区各月份的游人量来看，4~5月、10~次年1月景区内游人量最大，为旅游旺季；1、2、3、6、7、12月为淡季；8、9月游人量居于中间位置。在全年各游览日中，节日游人最多。“五一”节假日为最高峰，其次为国庆节和春节假期。平日游人相对较少，周末（星期日）游客量居中。从一日时间段上来看，各景区上、下午各有一次入园的高峰时间，上午为9:00~11:00时段，下午为14:00~16:00时段。旅游旺季的高峰时刻，苏州园林景区的人流量较大，例如拙政园在高峰时段客流量是平时的4~5倍。

2.2.4 面积有限

苏州园林小巧精致，多为私家园林，因而空间狭小，旅游容量有限，不具备接待大量游客的能力（图3）。同时其不可再生的性质决定园林应该在科学保护中寻求发展，一旦受损，很难恢复原样，核心吸引力削弱，影响长远发展。现有苏州园林中，拙政园面积最大，然而其实际可游览面积也仅有24808m^2（表3），而与游乐园等人造景观不同，苏州园林作为世界遗产，文化底蕴深厚，并不可以随意人为改造和扩张。

因此，在园林游览过程中，游客每人平均占地面积少，节假日等特殊时段，园内人流如织，较为拥挤，大大降低了游客满意度。故而科学合理地预测容量标准，既是响应《导则》的要求，也是苏州古城旅游规划、建设和管理的重要依据。同时，对游客进行有效管理，也是提升苏州园林旅游品质的重要举措。不解决园林拥挤的问题，城市接待的游人越多，园林的游览条件就越差。

3 苏州园林景区缓解客流压力的相关措施

游览时间相对固定与园林面积不可扩张两者相矛盾，这直接导致苏州园林景区长期面临紧张的客流压力。为此，苏州园林景区积极谋求解决办法，提出不少解决措施和方案，具体如下。

3.1 用技术手段提高管理效率与水平

现今苏州园林在旅游旺季及“黄金周”等特殊节假日，游客过多，景区超载现象严重。在《导则》正式实施后，苏州市园林管理局为掌握苏州园林各类基础资料和信息，以加强对其保护管理及保护监测，根据国家文物局《中国世界文化遗产地管理动态信息系统和监测预警系统》的要求，结合苏州的实际，自2005年正式启动世界遗产苏州古典园林管理动态信息和监测预警系统建设工作。2005年4月，成立了“苏州市世界文化遗产古典园林保护监管中心”，2006年4月正式制定《苏州古典园林监测预警系统建设实施方案》，明确系统建设的基本思路、总体目标和基本框架。最后经过各方面的共同努力，建立世界遗产苏州古典园林监管中心，并自主开发《世界遗产苏州古典园林监测预警系统》软件，引进三维扫描仪系统，完成监测基础数据收集和输入，开展日常实时监测。

图3 留园内的特色表演颇受欢迎　　林丽琴/摄

从2007年初始，苏州市园林管理局初步建立起两级监测管理机制。监测系统以“一个平台、二级管理、三库支撑、四极链接”①为核心，管理制度及机构较为健全。监测系统软件以“三库”（基础数据库、实时数据库、预警数据库）为支撑，进行全方位信息采集、全方位实时记录、全方位监测预警。根据监测对象的不同，分为客流量、建筑物、构筑物、陈设、植物、环境、控制地带、安防、基础设施、管理机构、文献资料11类模块；各模块根据功能需要再设子项目，主要有监测管理、监测记录、预警统计、基础资料等；子项目下又设分支项目，共计136个分支，覆盖了遗产园林保护管理的各个方面。系统软件在使用功能上基本具备办公、判定、预警、电子交互访问、查询、维护等功能，实现数据的按保密权限可输入、可更改、可显示监测结果的目标。

根据此监测系统，苏州园林景区各景点分别对客流量进行监测，拙政园景区在其官网每天进行客流量公开：景区最大瞬间容量9031人，景区日空间最大容量50212人，并根据客流量将景区的舒适度分为5个等级，即1806人以下为舒适（5级）、1806~3612人为较舒适（4级）、3612~5418人为一般（3级）、5418~7225人为较拥挤（2级）、7225人以上则为拥挤（1级）。同时，在景区内部设置公开的景区客流量实时播放牌，游客可自行了解景区现有人数。留园景区在其官网公布数据：景区最高瞬时流量2353人，并公布当前实时流量与当前实时等级，如9月11日，实时流量为1269人，舒适等级为舒适（5级）。虎丘景区在其官网上公布数据：最高瞬时流量13849人，并公布当前实时流量，如2016年9月11日为1990人。

由此，苏州园林景区容量监测系统已做到基本完备，用科学技术手段加强对景区的游客流量监测，提高管理效率和水平。

3.2 用时间管理实现游客分流

苏州园林深受旅游者喜爱，现有景区容量在世界遗产苏州古典园林管理动态信息和监测预警系统监测下，每个景点都确定了景区合理容量，由景区容量监测系统可知，各景点的客流量较大，游客浏览时间较为集中，对游客进行时间上的分流是苏州园林（尤其是面积较小的园林）减少瞬时客流压力的关键。目前苏州园林从时间管理上分流的措施主要有：第一，营销分流。充分发挥媒体的优势，在旅游旺季通过媒体发布景点接待游客量信息，通过报刊、电视媒体、户外公告牌、网站、微博等传统媒体和新媒体，提醒游客景区客流预计高峰日期和时段。此外，在各景点官方网站上进行景区容量实时播报，让游客了解实时客流量，以合理安排自身游览时间；第二，延长开园时间。由《导则》中景区最大承载量计算公式可知，有效游览时间和景区合理容量成正比，游览时间越长，容量越大。在现今园林的管理中，为了有效分流客人，主要采取提早开园和推迟闭园两种方式延长开园时间。如目前拙政园实施的提前一个小时开园，游客可以在早晨6：30就进入园林中，不但可以避免人员拥挤，更因提早进入有文化韵味的苏州园林，可在晨光中欣赏古典园林的魅力，这对于感受古典园林的精髓，提高游览质量，都有着重要的作用。在推迟闭园上，目前苏州园林景区三个景点尚未实行，对此可借鉴苏州著名园林网师园的“夜游网师园”活动，活动期间于每晚7:30～10:00开放夜间园林，吸引游人的同时全方位展现古典园林的魅力。

3.3 用空间管理推进游客分流

由以上可知，苏州园林面积较小且不可扩张，因而以重建或扩张的方式扩大空间游览面积是不实际的，如何在有限的空间内对游客进行分区游览以避免空间拥挤，是苏州园林景区游客分流的主要考虑方式之一。目前苏州园林景区主要采取两点措施。

首先，合理安排线路。即在景区内部合理安排游览线路，让游客在知名景点和低级别景点之间合理流动。如拙政园中，根据园林固有建筑特点及分区特征将全园分为三个部分，由东至西横向展开，分别是东园“归田园居”、中园“得山水趣”和西园“补园”。为此，官方游览线路即遵守从东到西的方向，依次为涵青亭→放眼亭→兰雪堂→芙蓉榭→天泉亭→秫香馆→绿漪亭→待霜亭→雪香云蔚亭→荷风四面亭→远香堂→绣绮亭→听雨轩→嘉实亭→得真亭→玉兰堂→宜两亭→浮翠阁→笠亭→塔影亭。游线既突出了三区“池广树茂，景色自然”及“荷花与回廊”等区内特点，又串连了区内较为偏僻景点，布线合理，高低有致。

其次，发挥导游员控制引导作用。导游员是园林整个旅游过程中运转的焦点和轴心。一方面，导游员带领游客进行浏览，可使得游客对园林的历史文化、建筑特色等有更为深入的了解；另一方面，导游员对游客有带领作用，可根据景区的实时播报以及个人经验了解景区内部游客的分布情况，继而根据实际情况灵活进行游线节奏控制，可避免高峰期游人扎堆的情况，同时也可对嘈杂环境中的游客进行情绪管理，实现对游客的有效分流。景区中目前拙政园有专职导游员20余人，更有众多兼职导游员，留园和虎丘也皆自备全职与兼职导游员，基本可实现对游客的有效讲解及控制。

3.4 用价格杠杆分流游客

价格是控制市场的有效手段，

旅游景区在游客管理的过程中也多引用价格杠杆政策。主要有两种方式。第一，通过淡旺季差价调整客流。针对园林景区淡旺季人员相差较大的问题，景区在旅游旺季调整景区票价，通过景区价格不同程度的上涨来抑制部分游客的进入，如三个景区门票价格中拙政园旺季90元、淡季70元，留园旺季55元、淡季45元，虎丘旺季80元、淡季60元；第二，通过网上购票优惠措施控制客流。随着旅游电子商务的发展，网上预约售票因其方便、实惠的特征成为散客热衷的消费方式，也是景区培养游客和旅行社预订习惯、提前了解游客接待量的有效措施。目前苏州园林景区就采取这一方式对景区进行流量预测与分流，三大景区的门票分别可以在携程旅游网、同程旅游网、驴妈妈等网站进行预订或购票，且都具有不同程度的价格优惠，深受游客喜爱。

4 游客分流的新思考

目前苏州园林景区主要采取以上几项措施进行游客分流，已经初步实现对园林内游客的有效管理，尤其在旅游旺季和“黄金周”节假日等特殊时期，可有效避免因游人拥挤、游客激增而导致的突发意外等情况的发生。现有的世界遗产苏州古典园林管理动态信息和监测预警系统对园林景区内客流量的监测较为科学，但尚存在“管理人员官僚化”“专业人才结构不全”等问题，以后还需健全监测机制及加强对监测人员的培训和培养。现有的时间、空间、价格等方面措施也取得了较为满意的成果，为达到更好的游客分流，还可借鉴其他地区、景区的创新措施，以进一步实现对游客管理，具体可实施如下措施。

第一，人数、时长“双限制”，加强预约机制。在利益优先的市场条件下，园林管理部门应认清自身责任，以对古典园林的保护为园林旅游发展的前提条件，对超载游客进行限制，进行人数、参观时长限制，如可在票面上注明进场时间和参观的时长等，人数一旦饱和，及时拒绝入园，必要时可暂停现场售票，并启动无条件退票程序等。为更方便操作和实施，可培养游客和旅行社预约机制，以便提前控制，如园林部门可与各主要旅行社建立入园预约机制，尤其在“黄金周”、节假日等客流高峰期，提前沟通客源数量，引导各旅行社错时入园，避开旅游团队短期

图4 拙政园内游人如织 **林丽琴/摄**

入园高峰。

第二，分时入园，加强准入意识培养。现有苏州园林除有售票点外，都有入园口，多为刷票或者直接刷园林卡入园的形式，因此在准入设施建设方面较为全面。然而，在游客管理上，景区没有充分发挥入园设施的作用，可学习苏州博物馆门口排队分时入园的做法，在特殊节假日及人员较多时期，根据景点饱和程度、售票预测等对游客实行分时段分批次地放行，以实现对园内游客数量的有效控制。

5 结语

苏州园林是世界遗产，作为世界艺术的瑰宝值得精心呵护，对其进行合理保护性发展既是对苏州城市特色的保护，更是对中国传统文化可持续发展的传承。因此，对苏州园林的景区容量合理检测和游客科学管理应受到广泛重视，希望经过本文抛砖引玉，有更多的学者关注苏州园林发展。

注释

① 一个平台："苏州古典园林管理动态信息系统和监测预警系统"平台；二级管理："苏州古典园林保护监管中心与各遗产单位"二级管理机制；三库支撑：以"历史档案库、实时信息库、预警处理库"三库为系统的支撑点；四极链接：形成遗产地、省、国家、教科文四极链接。

参考文献

[1] 景区最大承载量核定导则［EB/OL］. 国家旅游局，2015-1-5.

[2] 刘振礼，金键. 特定区域旅游规模的研究［J］. 旅游论坛，1985，(2)：29-33.

[3] 丁文魁 . 风景名胜研究［M］. 上海：同济大学出版社，1988.

[4] 楚义芳. 旅游的空间组织研究［D］. 南开大学，1989.

[5] 保继刚. 颐和园旅游环境容量研究［J］. 中国环境科学，1987，(2)：32-36.

[6] 王资荣，郝小波. 张家界国家森林公园环境质量变化及对策研究［J］. 中国环境科学，1988，(4)：23-30.

[7] 冯孝琪. 骊山风景名胜区环境容量现状评价［J］. 资源开发与保护，1991，(2)：118-120.

[8] 崔凤军. 论环境质量与环境承载力［J］. 山东农业大学学报，1995，(1)：71-77.

[9] 胡炳清. 旅游环境容量计算方法［J］. 环境科学研究，1995，3：21-24.

[10] 张灵杰. 玉环大鹿岛旅游环境容量研究［J］. 东海海洋，2000，4：57-61.

[11] 孙道玮，王宏. 生态旅游环境承载力研究——以净月潭国家森林公园为例［J］. 东北师范大学学报，2003，1：66-71.

[12] 陈雪，王海滔，郭明友. 苏州园林旅游环境容量存在问题与对策研究［J］. 无锡商业职业技术学院学报，2016，16(2)：33-37.

[13] 赵红红. 苏州旅游环境容量问题初探［J］. 城市规划，1983，3：46-53.

[14] 王辉. "十一"黄金周旅游景区容量超载现象探析［J］. 中国市场，2014，4：105-106.

BES
TOURISM
GROUP
INTERNATIONAL

大地风景国际旅游集团

5大业务领域，一站式全程服务

经过二十年深耕，大地风景已发展成为包含规划设计、旅游投资、目的地发展、智慧旅游、文旅建设五大业务领域的综合性旅游目的地服务机构。

规划设计 — 旅游投资 — 目的地发展 — 智慧旅游 — 文旅建设

中国旅游规划设计十大影响力品牌

大地风景已服务1000多个规划项目，项目覆盖全国31个省市自治区、500多个市区县，荣获"中国旅游行业变革突出贡献奖"。

- 服务于多个联合国评定的顶级旅游项目，用国际视野助力世界级遗产的保护与提升；
- 为中国最优秀的旅游省、市提供旅游总体战略咨询与规划，优秀服务案例占据旅游高端咨询领域半壁江山；
- 从前期策划、规划到建筑、景观设计及旅游商品设计，为文化产业园区、旅游综合体、旅游地产等落地项目提供深入产业的咨询方案；应用TOLD、CTC等先进理念与模式，开创了文化旅游产业发展的新格局；
- 多年来深耕在历史文化街区与古镇、乡村旅游与休闲农业、国家公园与旅游景区、景观生态与风景园林、温泉旅游与养生度假、主题公园与文化娱乐、风景道与自驾营地等不同专业方向，为传统景区带来活力，并创造了一系列新兴的文化旅游胜地和度假胜地；
- 响应国家政策，率先在全国完成多个重要旅游省、市、县全域旅游规划，为全域旅游建设提供重要的智力支持；
- 洞悉行业走势，结合多年来深耕经验，在项目中着重内部生态系统构建，精心打造了一批各具特色、产业鲜活的特色小镇；
- 关注景区实际需求，集结专家为景区提供针对性的咨询服务和专业实施方案，成功协助一批景区完成创A/升A/保A 。

北京市朝阳区北四环中路27号盘古大观31层
电话：010-59393956 | 邮箱：bes@bescn.com
传真：010-59393985 | 网址：www.bescn.com